I0078595

به نام حق آن عزیز با عزت

خاکستری

زیبا بساطپور

(۱۳۹۴-۲-۲۸)

عنوان کتاب: خاکستری

نام نویسنده: زیبا بساطپور

ناشر: کتابهای ممنوعه (فوربیدن بوکز)، آمریکا

شابک: ۰۹۹۹۱۳۲۵۳۱ – ۹۷۸

کد کنترلی کتابخانه کنگره آمریکا: ۲۰۱۹۹۳۱۲۸۲

ساعت راس شش و نیم به صدا در آمد. بلند شدم و به سمت اشپزخانه رفتم. کتری را روی اجاق گذاشتم و چند تیکه نان از داخل فریزر در اوردم. تا یخش اب شود. محمود شوهرم و رها دخترنه ساله ام هم خواب بودند. به حمام رفتم و یه دوش سریع گرفتم. بعد از خوردن صبحانه یک یادداشت برای محمود گذاشتم به این خبر که ظهر برای ناهار برنمی گردم. رها را بوسیدم و به طرف دادگاه حرکت کردم. محمود شغل ازاد است و مجبور نیست صبح زود بیدار شود و توی این ترافیک لعنتی خودش را به محل کارش برساند. خیالش راحت است که حتی اگر دیرتر از حد معمول به محل کارش برسد هم شاگردش انجا را اماده کرده و همه چیز مرتب است. رها همراه پدرش به مدرسه می رود. من هم وکیل پایه یک دادگستری هستم و البته گاهی اوقات مقاله هم می نویسم و برای روزنامه هم کار می کنم. مشغله کاری کم ندارم اما به لطف وجود محمود و دختر ارامی مثل رها استرس خانه و زندگی را ندارم. امروز در دادگاه با خانمی قرار ملاقات دارم. یکی از دوستانم اورا به من معرفی کرده است. ساعت نه صبح بود که ان خانمی را که منتظرش بودم امد . چادری بود و به سختی می شد صورتش را تشخیص داد. مثل اینکه ترس داشت کسی او را در دادگاه ببیند. از حالت چهره معذبش فهمیدم که اصلا جای مناسبی را برای گفتگو با این خانم انتخاب نکردم. وقتی باان خانم حرف می زدم یاد مادرم می افتادم. سالهاست مادرم را ندیده ام زیر خروارها خاک خوابیده است. بسیار دلتنگش هستم. به

او پیشنهاد کردم به محوطه چمن کاری مقابل دادگاه برویم و انجا صحبت کنیم. با خوشحالی پذیرفت. روی نیمکت نشستیم و بعد از اینکه جویای حالش شدم علت مراجعه اش را سوال کردم. کمی چادرش را از روی صورتش کنار کشید. از سروظاهر وانگشتران دستش فهمیدم باید م/ضعیت مالی مناسبی داشته باشد. هنوز صحبت نکرده اشک در چشمانش حلقه بست . صدایش به لرزه افتاد و غم فراوانی صورتش را پوشاند.

- چی بگم دخترم خیلی گرفتار شدم مشکلاتم خیلی زیاده . نمی دونم اصلا باید از کجا شروع کنم.

- ارام باش مادر . همه گرفتارند. تمام ادمهایی که به اینجا می ایند یک جوری اسیر بدبیاری و گرفتاریند. والا هیچ کس دوست ندارد به همچین جاهایی بیاد . لطفا به من بگید اصل مشکل چیه و به چه خاطر!

اهی کشید و سرش را در تایید حرفهایم تکان داد. نگاهی به اطرافش انداخت و گویی خودش را شریک غم انها می دانست!

- از خدا می خوام اگه قراره هر بچه ای بزرگ بشه نا صالح از اب دربیاد و باعث ابروی پدر ومادرش بشه همون بچگی خدا اونو بگیره تا بزرگ نشه. دخترم زندگی مارو تباه کرد. اسمش مریمه. کاری کرده که نه تو فامیل و نه در وهمسایه ابرو نداریم. حاجی از داغ مریم سکته کرده و دامادم خیلی وقته قدم به خونه ما نزاشته. کی فکر میکرد خانواده حاج عباس به این روز بیفتند. معتمد محل و واسطه تمام کارهای خیر محله و فامیل. کاش می

۶

مردم و این روزها رو نمی دیدم. این را که گفت بغض داخل سینه اش شکست و های های گریه کرد. گذاشتم که کمی ببارد شاید اینگونه ارام گیرد. وقتی احساس کردم کمی ارام شده هست دستش را گرفتم و نوازش کردم.

- حاج خانم لطفا گریه نکنید . ناشکری و گریه وزاری دردی رو دوا نمی کنه. خواهش می کنم بگید مریم خانم چیکار کرده شاید بتونم مشکلش رو حل کنم. البته این راهم بگویم الان امثال دختر شما خیلی زیاد شدند. همگی یا دارای روابط هستند یا خدای نکرده دچار اعتیاد های پنهانی شدند و کلی گرفتاری های بعدی . موضوع دختر خانم شما هم چون توی این محیطه باید از این قسم باشه که حتما قابل حله. من هم هر کاری از دستم بر بیاد برای شما انجام میدم.

سرش را به چپ و راست تکان دادو اهی کشید جگرسوز.

- مریم من یه هم جنس بازه.

بعد از شنیدن این جمله گیج ومنگ شده بودم. توقع شنیدن هر چیزی را داشتم الا این یکی را. بعد از گرفتن مشخصات مریم به دادگاه برگشتم. به مادر مریم قول دادم بعد از خواندن پرونده وصحبت با مریم تصمیم بگیرم وکالت اونو قبول کنم یا نه! اولین بار بود از ورودم به رشته حقوق و دعاوی به همچین پرونده ای بر می خوردم. ساعت یازده صبح باید یک پرونده دیگر رو در محکمه وکالت می کردم. اما راستش را بخواهید اصلا ذهنم پی موکل

بعدی ام نبود و تمام مدت داشتم به مریم خیالی ام فکر می کردم. جلسه به ماه اینده موکول شد. در بوفه دادگاه چایی و یک تکه کیک سفارش دادم. نمی دانستم با چنین اشخاصی چطور برخورد کنم. احتیاج به مشاوره داشتم. تصمیم گرفتم به دیدن یکی از دوستانم که روانشناس بود بروم و در این باره از او تحقیق کنم. نیت اولیه ام بر این بود که پرونده را رد کنم تا به دنبال وکیل دیگری باشند که تجربه کافی در این گونه شکایات را که مخالف شرع و عرف کشور هست را داشته باشند. اما وقتی که به یاد مادر مریم افتادم و درد وغم فراوانی را که در چهره اش بود به خاطر اوردم لب فرو بستم و راه نه گفتن به رویم بسته شد. گوشی موبایلم را برداشتم و به محبوبه دوست قدیمی و خوبم زنگ زدم. او روانشناس است و سالهاست در این کار مشاوره می دهد و باید کلی تجربه اندوخته باشد. ساعت حدودا دو را نشان می داد که به منزل محبوبه رسیدم . بعد از کلی حال واحوال در پی راهی فرعی و اسان می گشتم تا سوالم را مطرح کنم.

- محبوبه جان غرض از مزاحمت یک پرونده به من سپرده شده که کلی فکرم را مشغول کرده . در این مدت وکالتم تا به حال با این مورد برخورد نداشتم و اصلا نمی دانم باید چطور با این تیپ افراد برخورد و ارتباط داشته باشم.

- باشه اشکالی نداره حالا چه کمکی از من بر میاد! اصلا نگفتی کی هست ! چکاره است! که باعث شده یاد این دوست فراموش شده بیفتی !

- می دونم غفلت کردم و جویای احوالت نشدم. اما تو چی ناقلا ازدواج کردی همرو یادت رفت . شوهر اینقدر عزیزه!

- نه بابا بیچاره با من کاری نداره. اینقدر سرش شلوغه که اصلا وقت نداره درست وحسابی همدیگرو ببینیم. یا مطبه یا بیمارستان. خوب نگفتی عاطفه جان مشکلت چیه!

- اوه اره دیدنت همه چیزو از یادم برد. راستش مربوط به یه دختره به اسم مرم. کلی گرفتاری درست کرده برای خانوادش. راستش رو بخوای برای خود منم چندش اوره.

- مگه این مریم خانم چیکار کرده که اینطور داری در موردش حرف میزنی!

- به گفته مادرش هم جنس بازه . فقط در این حد میدونم.

محبوبه سکوت کرد وبعد لبخندی گوشه لبانش نشست.

- از تو بعیده عاطفه. واقعا این طرز تفکر رو از تو توقع نداشتم. یعنی چی برای من چندش اوره!

- یعنی اینجور ادمها برای تو عادین! از این اشخاص زیاد میبینی!

- پس چی فکر میکنی! ما ادمها عادت داریم خودمون رو به ندیدن بزنیم. و بگیم همه چیز خوبه همه سالمند ومشکلی نیست. ما باید خودمان رو از این همه تظاهر راحت کنیم. حداقل از تحصیلکرده هامون توقع بیش از

اینهاست! بعد با حالتی طعنه امیز به من نگاه کرد. کمی دستپاچه شدم و از خودم خجالت کشیدم.

- درسته ببخشید. خیلی بچگانه و کوته نظرانه به قضیه نگاه کردم. راستش وقتی مادر مریم رو درحال درماندگی دیدم کخ ان طور دخترش رو نفرین میکرد و از او بد میگفت روی منم تاثیر گذاشت.

متاسفانه باید بگم که باورهای غلط خودمون رو از هر طریقی که باشه یا به صورت گریه ویا فیلم و نوحه ویا حتی جایزه و تشویق توی مغز همدیگه فرو میکنیم و دیگران رو تحت تاثیر خودمون قرار میدیم. تقصیر مردم نیست حکومت ها این سرگرمی هارو دوست دارند. درهنگام اعیاد و یا مناسبتهای مذهبی که با معیارهایشان و جمهوریتی که ساختند تطابق دارد همه جور خرج تراشی میکنن و فیلم وسریال وبرنامه میسازن ولی اگه پای موضوعات سیاسی یا اجتماعی به میون بیاد اعم از بیکاری زنان بی سرپرست دختران خیابانی صیغه ومغایرت ان با دموکراسی و همین طور زندانیان سیاسی هزاران راه وبرنامه تدوین میکنند تا از هرگونه اطلاع رسانی جلوگیری کنند. گوش همه را میبندند و اجازه پخش کوچیکترین خبری رو هم نمیدهند . وای به حال مردم عام که فرمانبردار این حکومت های مستبد ومکار هستند.

- کاملا درسته حرفاتو قبول دارم وبا تو هم عقیده هستم. حالا اگه میتونی یکم از خصوصیات ادم های هم جنس باز برام بگو. اصلا چطور میشه دوجنس مشابه به سمت هم کشیده میشن!

- این جور ادمها هم مثل بقیه هستند . چرا فکر میکنیم با بقیه فرق دارند! ماها خیلی قدیس و پاک هستیم و اونها یه مشت ملعون! همه چیزشون مثل ماست زندگی کزدن خوراک و پوشاکشون ورزش کردن در محیط کاری در دانشگاه در مدرسه و تفریحات اجتماعی هیچ فرقی با ما ندارن. انها هم انسان هستند. تنها نقطه تفاوت اونها با مردم عادی اجتماع میل جنسیه! شهوت هم مثل غرایز دیگه که هرکدوم از ماها که به دنیا می اییم با ما میاد و هیچ حق انتخابی در داشتن و نداشتن و کمیت و کیفیت انها نداریم به دنیا می اد. شهوت غرور حسادت مهربانی خوش قلبی اعتماد بهنفس و هزاران غریزه که دانشمندان تا به حال کشف کردن همه وهمه افریده ذات خداونده که داخل وجود هر انسانی به نسبت قرار داده شده. ازدواج دو انسان و به وجود اوردن یه انسان دیگه باعث به وجود اوردن ژن های جدیدو تغییر در ژن های قدیمی تر میشه. به طور خلاصه همه ی انسانای سالم که ادمیزاد به حسا ب میان این حواس را دارن اما در هر کدام از اونها کمیت وکیفیت ژن ها با هم فرق داره. ژن های شهوت و میل جنسی هم معمولا در همه انسانها هست که در دوران نوجوانی یکباره قدرتمند میشه و فعالیتش چندبرابر نسبت به قبل بالاتر میشه. همان طوری که یه انسان ممکنه شیرینی رو بیشتر دوست داشته باشه و انسان دیگه ترشی رو ادمها ممکنه نسبت به محرکهای جنسی سلیقه های مختلفی نشون بدن. که به صورت غیر ارادی کار میکنه واصلا دست خود شخص نیست. از وقتی که به دنیا

میان دارای این حس هستند ودر دوران نوجوانی وجوانی به صورت اکتیو سرباز میکنه وبه صورت اکتیو در میاد.

- پس منظورت اینه که این نوع احساس امری طبیعیه وباید رهاش کرد!

- نه اتفاقا برعکس نباید رهاش کرد چون اصلا طبیعی نیست. یک فراینده ژنتیکی ناسالمه که هیچ ربطی به خود شخص نداره . چون خود اون شخص بیماره و بیماری باید درمان بشه.

متوجه شدم. پس چرا در این مورد اطلاع رسانی نمی کنن ! تمام مردم ما با چهره ای عبوس به این جور ادمها نگاه میکنن و هیچ کس با اینجور ادمها معاشرت نمیکنه.

- ادمهای هم جنس باز هم مثل بیماران ایدزی بعد از این همه سال که وقتی اسمشون میاد همه کنار میکشند و انها را پس میزنند ترد شده ی بی سوادی و نا اگاهی مردمند. بدتر از ایدز همجنس باز ها هستند که مورد لعن و نفرین روحانیون هم هستند. انها را دست پرورده شیطان مینامند و می گن باید مجازات و به بدترین شکل ممکن تنبیه بشن. به نظر من باید واقع بینانه به این قضیه نگاه کرد. به جای اینکه در این مورد مطالعه کنند و کارشناسان اهل فن دراین باره توضیح بدن و این قبیل بیماری ها که بیشتر جنبه روحی داره رو بررسی کنند ملاها و روحانیون می روند پشت منبر و تریبون که هر فتوایی که به صلاح خودشون هست رو حکم کنند. اما امان از روزی که مسایلی در جامعه رخ بده که به نفع منافع اونها نباشه و باعث

تضعیف موقعیتشون بشه که اساسا اون رو حرام دونسته ومخالف شرع وقانون اسلامی مید. نن. به جای خدا تصمیم میگیرند بهئ جای خدا محاکمه میکنن به جای خدا قضاوت میکنن. حقوق بشر متاسفانه در ایران خیلی پایین تر از اون چیزیه که ما میبینیم. بسیار جنایات ها و ظالم پروری ها رخ میده که در پرده ابهامه و ما از ان بی خبریم. واقعا براای خودم و امثال خودم متاسفم . متاسفم که از کجا به کجا رسیدیم. زندگی معاشرت ازدواج همه از دید جاهلیت و بسیار ننگ اور تر اینکه با نام اسلام زیر بنای این جور فسادها گذاشته میشه. متاسفم.

حرفهای محبوبه تاثیر زیادی به روی طرز فکرم گذاشت. حالا میفهمم که چقدر اشتباه میکردم. دختری را که ندیده بودم و هنوز حرفهایش را نشنیده بودم قضاوت کردم. و بدون اینکه اورا بشناسم از او منزجر بودم. به قول محبوبه وای به حال من. وای به حال ما. منم متاسفم. ساعت حدودا شش غروب بود که به خانه رسیدم . از صبح که از خانه بیرون زده بودم از محمود و رها بی اطلاع بودم. وگوشی ام هم خاموش بود . وقتی که به خانه رسیدم رها مشغول تماشای تلویزیون بود و محمود روزنامه می خواند. بادیدن من هر دو لبخند زدند. رها بغلم کرد وابراز دلتنگی کرد/

- شلام مامان کجا بدی چرا دیر اومدی!

- سلام عزیزم نگران نباش رفته بودم دیدن یکی از دوستام.

- چرا رفتی مهم. نی منو نبردی!

- به جون خودت به قصد مهمونی نرفتم. یه کاری داشتم باید انجام میدادم.

- سلام محمود جان. ببخش حسابی شرمنده ات شدم.

- سلام حالا دیگه گوشی خاموش میکنی و میری مهمونی! محمود هم که بی خیال. کارو زندگی ام که تعطیل نشستم خونه خانم بره مهمونی و به ماهم که اصلا توجهی نئارهه. اینطوریه دیگه!

لبخندی زدم وصورتش رو بوسیدم.

- به جون خودت نه. برات تعریف میکنم. یه دفعه ای شد. گوشی ام شارژنداشت. نگاه کن خاموشه! چه خبر چه میکنی ! امروز مرخصی اجباری اومدی ها! براتم بد نشد. درشته!

- کدوم مرخصی ! مغازه نرفتم درست ولی این گوشی دایم دستم بود . توی درسهای رها هم کمکش کردم. ماشین و حیاط رو هم شستم. ندیدی چقدر تمیز شده!

همهن طور که به سمت اطاق خوابم می رفتم تا لباسهامو عوض کنم دستم هنوز توی دست محمود بود. او هم پشت سرم امدو زیر لب شوخی میکردو از یک روز مادری که برای رها کرده بود تعریف میکرد. داخل اطاق با دست دیگرم مانتو مقنعه ام را در اوردم. یک برس به داخل موهایم کشیدمو دست و صورتم را داخل روشویی حمام شستموارایش ملایمی کردم و به جمع دیگر اعضای خانواده ام پیوستم. شام سبکی درست کردم . اما همین غذای

ساده در کنار خانواده ای که همه چیز همدیگر هستند و برای محبت به هم از هیچ کاری دریغ نمیکنن بیار لذت بخش است. فردای ان روز طبق معمول زودتر از بقیه از خواب بیدار شدم. صبحانه خوردم و به طرف دادگاه حرکت کردم. از قاضی پرونده نامه ای گرفتم که طبق ان اجازه دیدار با موکلم را که هنوز با هم اشنا نشده بویم را می یافتم. به زندان که رسیدم کلی باید جواب پس میدادم تا بتوانم مریم را ملاقات کنم. هربار که به این محیط می ایم تا چند روز افکارم به هم ریخته است. زنان و دخترتن بسیاری را میبینم که چه گناهکار و چه بی گناه در این سلولهای کثیف و الوده بهترین روزهای عمرشان را میگذرانند. دختران و زنانی که شاید سن اشان به بیست وپنج نرسیده است. جوانانی که باید الان در دانشگاه و خانه های پر از عشق و امید باشند و به اینده ای زیبا و شاد فکر کنند. جوانانی که از بس تحقیر شدند و به چشم حقارت و پستی به انها نگاه شده است الان از نگاه کردن به چشم نگهبانزندان میترسند. چه برسد به اعتراض. اگر به ناموس زنان و دختران ایرانی تجاوز شود باید از ترس حیثیت و ابرویشان نادیده بگیرند و کلاه ننگ و انزجاز را تا ابد بر سر خود بگذارند و اگر بخواهنداعتراض کنند یا به جرم اختشاش بازداشت ویا ابروی خودت و خانواده ات را می ریزند ویا با کار کثیف تری مثل اسید پاشی برایت جبران کنند. در هر صورت برخلاف ابرو و انسانیتشلن است و در نود درصد مواقع تصمیم به خفقان یا خود کشی میکنند. خمان طور که از راهرو های وحشت عبور میکردم دایم به این

مسیله فکر میکردم که الان چه کسی روبرویم قرار میگیرد. چه بگویم واز کجا شروع کنم. ! در اطاقی به انتظار نشستم . کمی طولانی شد ولی امد. همراهش مراقب خانم هم امد. چادری و بسیار پوشیده که عینک بزرگی هم به روی دماغش بود. با خود گفتم|بیچاره در عوض چقدر حقوق حاضر شده از صبح تا شب در این وضعیت باقی بماند! مخصوصا اینکه دستکش هم پوشیده بود. ! در گرمای وحشت انگیز تابستان چه میکند! قول میدهم اگر حجاب را اختیاری کنند اولین کسانی که حجاب را بر میدارند همین ماموران انتظامی و نظامی زن هستند. که البته بسیار حق دارند. مریم با چادر گلدار وارد شد. نمی دانم جرا به مریم هم چادر داده بودند! مگر او هم حقوقی می گرفت! . . . . وقتی که سلام کرد وروبروی من نشست چادرش کمی کنار رفت و توانستم صورتش را ببینم. صورت زیبایی داشت . چشمان میشی رنگ درشتی با ابروهای پر پشت قهوه ای. زیبایی صورت بی نقص بود و هیچ عیبی در صورتش دیده نمی شد. برعکس زبایی و معصومیت خاصی را در چهذه اش یافتم. یک جور گیرایی. حسی که وقتی او را میبینی دیگر نمی توانی فراموش کنی. انگشتان لرزانش کشیده ورنگ پریده بود. موهایش که کمی از زیر روسری بیرون زده بود هم رنگ ابروهایش بود. از بس گریه کرده بود و معلوم بود چیزی نخورده است چشمانش از حالت طبیعی خارج شده بود و دایم پلکش به پایین می افتاد.

- مادرم شمارو فرستاده! اون گفته بیایید اینجا!

- بله من دیروز یه صحبتی با ایشان داشتم. اومدم اینجا با خودت صحبت کنم واصل قضیه رو بدونم. جون مادر زیاد حال واوضاع درست وحسابی نداشتند خیلی‌مزاحمشان نشدم.

اثار نگرانی یکباره صورت رنگ پریده اش را پوشاند.

- مگر مادرم چیزی شده! اتفاقی براش افتاده!

- نه دخترم نگران نباش. فقط کمی عصبی و نگران تو بود. چیز مهمی نیست ارام باش.

- لطفا برید . منحرفی برای گفتن ندارم. دیر یا زود پرونده منو می‌بندن و اینطور که شنیدم امثال مرا یا سنگسار میکنند ویا اعدام. کاری از دست شما برنمیاد . ممن. ن.

این را که گفت خیز برداشت که برود اما من بلافاصله دستش راگرفتم وتشویقش کردمکه بنشیند.

- خواهش میکنم بنشین. من امیدوارم که بتوانم کمک کنم ولی اگر هم نشد مرا مثل خواهرت ویا یک دوست حساب کن و برایم تعریف کن ماجرا چیست و حداقت سعی خودم رو میکنم وپیش مادرت خجالت زده نمیشم.

- اخه مگه فرقی هم میکنه! فقط برای من تکرار خاطرات است وبس. خاطرات تلخ جوانی ام. روزهایی که هیچوقت بر نمیگرده. اونها رو به قیمت اینده ام از دست دادم. مادرم مثل اینکه به شما چیزی نگفته! پرونده

سنگینی دارم. دزدی. فرار از منزل. هم جنس بازی. و متهم به قتل. و خیلی چیزهای حاشیه ای دیگه که بهش اضافه شده.

- قتل ! مگه تو ادم هم کشتی !

- به خدا نه. به جون مادرم نه. یه اتفاق بود. کلی چیز قاطی پرونده ام کردن که من اصلا معنی اونها رو هم نمی فهمم. اصلا نمیفهمم مفسد فی العرض به چه معنیه که اون رو به من نسبت دادند.

باران چشمهایش سرازیر شد. زارزارگریه کرد. وقتی نام قتل را به زبان اورد خیلی جا خوردم. شوک شدم. باورم نمی شد چهره و صورتی به ان مهربانی و معصومیت بتواند به کسی اسیب برساند. ولی وقتی جمله اش را تمام کرد با تمام وجود باور کردم که او هم بژیک قربانی بیشتر نیست. مثل هزاران قربانی دیگر که خودم در این سالها ی وکالت بارهادیده امو شاهد ریخته شدن خونهای بی گناه بسیاری بودم.

- خیلی خوب عزیزم. باورت دارم. که اگه غیر از این بود الان اینجا نبودم. لطفا خودت بگو وهمهچیز رو از اول برام تعریف کن.

- باور کنید نمی تونم. قدرتش رو ندارم. فکر کردن به روزهای گذشته برایم خیلی عذاب اور . لطفا برید. من حرفی برای گفتن ندارم.

این را که گفت سریع خود را به بیرون اطاق رسانید. با دست خالی به منزل باز گشتم. از وقتی که او را دیدم حسی عجیب درونم می جوشید. احساس

می کردم اورا دوست ئارم. او مثل یک قربانی به من نگاه میکرد. چشمان معصومش میگفت گناهی ندارد. دوست داشتم کمکش کنم. اما او کمک مرا نمی خواست . می خواستم به مادر مریم زنگ بزنم تا به او اطلاع بدهم که مریم قصد همکاری با مرا ندارد. اما محمود مانع از این کار شد.

- یه بار دیگه به دیدنش برو. شاید اگه اصرار تو را ببینه قبول کنه.

فکر محمود از من بهنر بود. با دوروز تاخیر به دیدارش رفتم. باز هم مریم را با چادری گلدار اوردند. باید بر سر مریم و امثال او چادر سیاه بیندازند که یاد اور دوران بدبختی و سیاه روزی اشان باشد. این چادر های گلدار متعلق به عروس خانم هاست که می خواهند وارد حجله شوند. نه نوعروسان زندان ها ونه دختران اعدام.

- شمایید ! البته حدس میزدم که شما دوباره برگردید. از وقتی که به زندان افتادم هیچ کس به غیر از شما به ملاقاتم نیامده. بیشتر از پنج ماهه که توی زندانم. . به غیر از ماموران بازپرسی با کسی حرفی نزدم. شما اولین نفری هستید که به من فکر میکنه وبرای دیدنم اومده.

- از اینکه منو پذیرفتی ممنونم. من هم خیلی نگران توام. تو مثل خواهر کوچیکتر خودمی. با هم همکاری میکنیم و سغی میکنیم گره از مشکلاتت باز کنیم. حداقل به خاطر مادرت. . .

نام مادرش که امد یک بار دیگر به چشمانم زل زد و اشک چشمانش را پوشاند.

- به عنوان خواهر قبولت ندارم چون اگه خواهرم بودی الان اینجا نبودی و داشتی توی خونت نفرینم میکردی. به عنوان یه دوست هم قبولت ندارم چون هر بلایی سرم امد به خاطر دوست بود وبس. . . . تو برای من یه زبانی. تو زبان من هستی. نمی تونی نجاتم بدی ویل اینکه جلو اعدامم رو بگیری اما تنها کاری که میخوام ازت اینه که زبان من باشی و به همه ثابت کنی اونطوری که همه رتجع به من فکر میکننن نبودم و من گناهی جز عاشقی نادان نبودم. قبول میکنی!

- باشه حتما. ولی چطوری! من که چیزی در موردت نمی دونم. !

دست راستش را از زیر چادر بیرون اورد. برگه های زیاذی جزوه مانند زیر چادرش پنهان کرده بود. انها را بیرون کشید وروی میز در مقابلم قرارداد.

- این دست نوشته ها که میبینی کل اتفاقات مهم زندگی منن. همه چیز رو با تمتم تحساسی که داشتم نوشتم. ماههاست که دارم مینوسم. وقتی که شمارو دیدم تصمیم گرفتم اونها رو بدم به شما تا شما هم به عنوان زبان بسته ی من در اختیار همه قرار بدید. ثمره زندگی من از جوونیم و زندگیم این برگه هاست .

بلند شد و چند قدمی به سمت در حرکت کرد. اما بازگشت و نیم نگاهی به من انداخت .

- اینم به خاطر مادرم. . .

دوباره با سرعت بیشتری به سمت در ب اطاق رفت و به همراه خانم نگهبان از اطاق خارج شد/.

برگه ها نا منظم و کهنه بودند. انها را داخل کیفم گذاشتم و خارج شدم. بعد از پختن شام به کارهای خانه رسیدگی کردم. لباسهای چرک جمع شده را داخل ماشین لباسشویی انداختم و جارو برقی کشیدم. مشغول گردگیری و چیدمان نامرتب این چند وقت شدم. چند لقمه ای غذا خوردم وبه حمام رفتم. یک دوش اب گرم همیشه بعد از کار زیاد شاداب کننده و لذت بخش است. مخصوصا وقتی از لحاظ ذهنی هم درگیری ذهنی داشته باشی. بعد از خوابیدن رها کنار محمود دراز کشیدم. خدارا شکر کردم که همسفر زندگی ام او شده تا در کنارم باشد نه در مقابلم. دستش بر موهای جو گندمی اش کشیدم وارام صورتش را بوسیدم. چقدر دوستش دارم ؟ نمی دانم. اما هر اندازه که هست بسیار برایم عزیز و قابل احترام است . چشمانش را باز کرد و لبخندی گوشه لبانش نشست ودستانم را گرفت. صورتم را جلو بردم ودوباره بوسیدمش. او هم بوسه های مرا با بوسه جواب داد وارام بغلش کردم. محمود که خوابید دوباره صورت غمزده ومظلوم مریم در برابرم ظاهر شد. دلم فرو ریخت. به یادم امد که مریم چه ماموریت سنگینی به من داده بود.

من وکیل او بودم و موکل هر انچه را از وکیل اش می خواست باید براورده می شد. پشت میز تحریرم نشستم ودستنوشته های مریم را از داخل کیفم دراوردم. چند دقیقه ای را صرف مرتب کردن برگه ها کردم. تا موقع خواندن دچار مشکل نشوم. با خودکارهای مختلف نوشته شده بود وبرگه ها هم شکل نبودند. طفلک چقدر داخل زندان زحمت کشیده بود تا این برگه ها پیدا کند و داستان زندگی کوتاهش را بنویسد. نفسی بلند از ته دل کشیدم وبا خود گفتم خدایا کمکم کن . به من کمک کن تا من هم بتوانم به مریم کمک کنم. توان وطاقت مرا زیاد کن وبه وقت من برکت بده تا بتوانم درست و منطقی تصمیم بگیرم و زبان گویای این زبان بسته باشم. دست نوشته هایش اینگونه اغاز می شد.

به نام خدای عشق

کلاس اول دبستان بودم که مادرم برایم اولین بار روسری خرید. یک روسری گلدار قشنگ با لبه های تور دوزی. تا قبل از ان هربار به خواهرم زهرا نگاه می کردم غبطه می خوردم چون او سه سالی میشد که روسری به سر میکرد اما من چون بچه تراز او بودم با اختلاف چهار سال هنوز موقع اش نشده بود. گاهی اوقات روسری های زهرا را کش میرفتم ومی پوشیدم. تا موقع بازی کردن ادای مادر وخواهرم را دربیاورم و در بازی هم شده بزرگ باشم! پدر و مادرم به غیر از من وزهرا بچه دیگپری نداشتند. البته خدا قبل از به دنیا امدن من به اها پسری داده بود به نام علی. اما وقتی که علی

دوساله می شود بیماری سختی می گیرد و از دنیا می رود. پدرو مادرم بعد از فوت علی بسیار غصه دار می شوند وان طور که شنیده ام پدرم تا زمان به دنیا امدن من رخت سیاه به تن داشته است. فرزند اخر خانواده بودن و اینکه انها قبل از من داغ یک بچه دیگر را دیده بودند باعث شده بود من عزیز تر شوم. از انجا که وضعیت مالی پدرم روبراه بود وکلی اعتبار در بازار داشت ما هیچ مشکلی نداشتیم و همه چیز خوب بود. تمام مدت با بچه های همسایه وفامیل در حال بازی بودم . دایم روی زانوهای حاج عباس می نشستم وبا سیبیل پر پشتش ور میرفتم. مادرم تمام بهانه جویی هایم را با لبخند جواب میداد ودایم در حال براورده کردن خواسته های من بود . انقدر بچه بودم که یکبار هم در ان برهه زمانی با خودم فکر نکردم که چرا این کارها را برای زهرا نمی کنند؟ اما دوران پادشاهی منم کم کم تموم شد! همه چیز برای من از زمانی شروع شد که به صورت رسمی برای من روسری خریدند. نه علاقه وبازی. اینکه خیلی خوب توام باید از این به بعد دایم روسری داشته باشی! از ان موقع بود که نگاه ها تغییر کرد و همه یک مدل دیگه از من توقع داشتند. با اینکه هنوز نه سالم نشده بود اما به من اموزش نماز خواندن دادند و در مقابل فراموشی وعده نماز یا سرسری خواندش تنبیه میشدم. علاوه بر روسری در سن ده سالگی به ان چادر هم اضافه شد. مادرم همیشه مرا با خود به مراسم مذهبی و روضه خوانی میبرد و میگفت از بچگب باید داخل این طور مراسمات شرکت کنم تا ذهن و گوشم دایم متوجه دین و

اییینمان باشد. اوایل برایم جذابیت داشت. از اینکه کنار خانمها در سفره ها ومناسبات مختلف شرکت میکردم خوشحال بودم. اما هر چه قدر که زمان میگذشت و روزهای تکراری و گریه زاری و روضه خوانی بیشتر میشد و من بزرگتر جذابیت این مراسم برایم کمتر می شد.

کم کم شروع به اعتراض کردم و هربار به یک بهانه از رفتن به این مراسمات خودداری میکردم. خواهرم زهرا مجبور بود باشد. چون هم از لحاظ سنی از من بزرگتر بود وهم از لحاظ سلیقه خانداری و پذیرایی تا کمک کند. حاج عباس که قبلا دایم در اغوشش بودم وهمیشه مرا نوازش میکرد با من سرسنگین شده بود و گوشه چشمی به من نگاه میکرد. این رفتارها را اصلا دوست نداشتم. ناراحت بودم اما نمی دانستم دلیل این تغییر رفتار چیست. البته مقصر اصلی را روسری می پنداشتم چرا که از وقتی وارد زندگیم شد به طور رسمی این رفتارها هم شروع شد. دوازده ساله بودم که بازی کردن با پسرهای فامیل برایم ممنوع شد. حتی اگر این بازی کردن جلو چشم خودشان وداخل حیاط بود. . . . . این یکی را دیگر نمی توانستم بفهمم. من ورضا پسر خاله ام هم سن وسال بودیم و همیشه با هم همبازی بودیم. اما یکباره باید از او هم فاصله میگرفتم. مادرم دیگر رنگ به رنگ برایم روسری می خرید و چادر های گلدار زیبا میدوخت. اما دیگر برایشان ذوقی نمیکردم. یاد حرفهای زهرا می افتادم که بهم میگفت اینقدر ارزوی داشتن روسری نکن . یک روز همین روسری طناب دار میشه و میفته

دور گردنت! ولی دیگه اونوقت نمیتونی بازش کنی. ان موقع ها این حرفها را درک نمی کردم. اخر مگر یک دختر بچه هفت یا هشت ساله چه میفهمد از طناب دار؟ نزدیک به دهه اول محرم که میشد پدر و اطرافیانش از دو هفته زودتر به استقبال محرم میرفتند. همه جا را پارچه های سیاه می کوبیدند و پرچم های سیاهخ وسبز یا حسین ویا ابوالفضل به دار و دیوار میکوبیدند. با اجر وگل سقا خانه میساختند و داخل انها را با شمع های بسیار می اراستند. برسر کوچه ها خیمه می زدند تا یاد اور خیمه های روز عاشورا باشدو بساط چایی وشربت وخرما راابه پا میکردند. حاج عباس سیاه می پوشید وریش هایش را نمی زد. مادرم هم که حیابی سرش شلوغ میشد و مامور خرید این جور مراسم ها بود. از ظروف یکبار مصرف گرفته تا کارتن کارتن خرما وشیرینی نارگیلی و چایی های بسته بندی شده. از ان همه رفت وامد وشلوغی لذت میبردم. چون سرگرمم میکرد. زهرا هم کلی کار میکرد و پا به پای خانم های بزرگتر زحمت میکشید . البته مجبور بود که کار کند . با ان مانتو و مقنعه و چادر سیاه وبلندی که از پشت سر با کش محکم کرده بود. و حسابی خسته و نارا حت به نظر میرسید. اما هیچگاه نه اعتراض میکرد ونه نافرمانی. زهرا برعکس من بسیار صبور بود. با اینکه من بیشتر از او مورد توجه پدر و مادرم قرار داشتم اما هیچگاه به من حسادت نکرد. و باعث رنجش من نشد. غم و نارا حتی را در چهره اش خوب میدیدم . خوب می دانستم این ان زندگی نیست که دختر جوانی در سن وسال او به

دنبالش باشد. ولی کاری از دستم بر نمی امد تا برایش انجام بدهم. نمی دانم چرا این غم چشمان زهرا را که من دیدم پدرو مادرم هیچگاه در چشمانش ندیدن. شاید هم مادرم دیده بود اما به روی خودش نمی اورد. شاید اینقدر این مسایل به چشمش بی ارزش می امد که دوست نداشت ذهن خودش را درگیر روحیات دخترش کند!

سال به سال بر سختگیری های حاج عباس افزوده می شد و من روز به روز زندگی اینده ام را به الان زهرا نزدیک تر می دیدم. از اینده خودم وحشت داشتم چون خودم را خوب میشناختم. چرا که من من مانند زهرا صبور نبودم. انرژی من از زهرا بیشتر بود و ذاتا سرزنده تر از او بودم. و دایم به دنبال سرگرمی وتفریح میگشتم. دوست داشتم همیشه بلند بلند بخندم وشوخی کنم. بارعا به خاطر صدای خنده هایم تنبیه شدم. زهرا هیچوقت بچگی نکرد. تصمیم گرفته بودم اشتباهات او را تکرار نکنم. بلکه خانواده ام هم دست از این همه سختگیری بردارند. اطراف حاج عباس را همیشه نوچه های زیادی پر میکردند. چه داخل مغازه بلور فروشی اش و چه اطراف منزل ما همیشه نوچه ها گشت میزدند تا مبادا حاج عباس کاری داشته باشد و انها نباشند. برای شیرین شدن پیش پدرم هر کاری میکردند. مرتضی که پسر خوانده پدرم محسوب میشد و ایم با او بود. حاجی هر کاری که میخواست و هر چه که بود در هر موقعیتی مرتضی نه نمی اورد و از جان و دل برایش انجام میداد. از چهارده سالگی داخل مغازه اش پادوییی میکرد. از

جابجا کردن وسایل داخل مغازه تا اب و جارو کردن انجا گرفته تا خرید های خانه وشستن ماشین حاجی همه برعهده مرتضی بود. پدر و مادرش هم از این بابت خوشحال بودند چون میدانستند حاج عباس حسابی هوای پدرشان را دارد. نماز اول وقت پدرم هیچگاه قضا نشد و روزه هایش سی روز کامل. نفر اول هییت امام حسین بازار بود و مورد تایید همه اهل بازار. در دهه عاشورا هر شب در منزل ما بساط نذری و خیرات به پا بود. هر شب بعد از نماز مغرب و عشا یه خانم ر. ضه خوان سیاه پوش به منزل ما می امد. وارد مجبلس که می شد دستور میداد برقها را خاموش کنند و دستگاه میکروفونی را که همرا ه خود می اورد روشن می کرد . چادر و مقنعه اش را در می اورد ویک شال گیپور توری سرش می انداخت . یک میز در مقابلش قرار میدادند. یک ظرف بزرگ میوه یک بشقاب شیرینی ویک لیوان شیر گرم روی میز می چیدند. چند جلد کتاب قران ودعا و دوعدد شمع روشن به وسایل روی میز اضافه میکرد. و زهرا باید مثل افسر نگهبان انجا می بود تا هر وقت ان خانم چیزی لازم داشت سریعا برایش مهیا کند! از داخل کیفش کتابچه ای بیرون می اورد شروع میکرد به خواندن.

اول از همه با سلام وصلوات بر محمد وال محمد شروع میکرد و کم کم از روز عاشورا میگفت. . از شهادت مظلومانه امتم حسین و حضرت ابوالفضل گرفته تا طفلان مسلم. سخنرانی پر شور و هیجان حضرت زینب را با چنان شوری توصیف میکرد که دل همه به در بیاید و کسی بدون ریختن اشک از

مجلس بیرون نرود. خانمها هم که درر حالت عادی براحتی به گریه می افتند در این جور مراسمات سنگ تمام میگذاشتند و هی زار میزدندو اله ها سر میدادند. ان خانم روضه خوان هم انقدر با اب وتاب این صحنه های روز عاشورا را توصیف میکرد که گاهی با خودم فکر میکردم شاید اوهم انجا بوده است که این همه جزییات را میداند. بعد از حدودا دوساعتی گریه وزاری و فقان چراغ ها را روشن میکردند. بعضی از این خانم های مسن از شدت ناراحتی وگریه حالشان بد میشد و اگر مادرم به دادشان نمی رسید وقرص زیر زبانی به انها نمی داد حتما کارشان تمام بود و احتمالا به جمع شهدای عاشورا می پیوستند و انها را از ان به بعد نظر کرده وشهید مینامیدند.

خانم روضه خوان هم که میدید روزه خوانی و حرفهایش چقدر خوب اثر داشته بلندتر داد میزد و اتش کوره اش را فروزان تر میساخت. با صدایی بلند و رسا فریاد میزد اجرتون با اقا امام حسین اجرتون با اقا ابوالفضل العباس گریه کن برایحسین فریباد بزن خودتو بزن به خدا بهت نظر کردن والا الان اینجا نبودی . خوش به سعادتت. گریه کن برای زینب کبری بلندبگو یا حسین بلند بگو الله اکبر. جالبتر از همه اینکه خودش اصلا اشک نداشت و ادای گریه کردن را در می اورد. بعد هم که مراسم ارام میشد و می خواست که برود شیر می نوشید مقنعه اش را سرش میکرد . چادرش را می پوشید و میوه و شیرینی را داخل پلاستیک می ریخت وداخل کیفش می گذاشت. مادرم هم پاکتی پر از پول را زیر چادرش قایم میکرد و کلی هم از

او تشکر میکرد. با خودم میگفتم با طلا وجواهراتی که از خودش اویزان کرده باید وضع مالی مناسبی داشته باشدوپس چرا این همه داد وبیداد میکند و گریه وزاری راه می اندازد تا مادرم به او دستمزدی بدهد. کاش کار دیگری پیدا کند و اینقدر نه خود را اذیت کند و نه مردم را که مجبور شوند قرص زیر زبانی بخورند. به غیر از مراسم دهه عاشورا مراسم دیگری هم در طول سال در منزل ما بر پا میشد. تا سفره حضرت ابوالفضل گرفته تا بی بی سه شنبه و سفره امام حسن مجتبی و همچنین سفره صلوات . روضه های وفات و ایام فاطمی و مولودی ها هم جای خود. اینقدر این طور مراسمات فراوان بود که دیگر جای دید وبازدید ومهمانی رفتن را برای ما پر کرده بود. اخرین باری که مادرم مهمانی داده بود را به یاد ندارم. یا مراسم در منزل ما بر پا میشد یا منزل دوستانش. یک روز قرار امامزاده صالح داشتند ویک روز شاه عبدالعظیم در شهر ری. یک روز به بهشت زهرا میرفتند ویک روز به امام زاده داوود. مگر این دورهمی های حاج خانم ها تمامی داشت؟ سفر خارج از شهر هم داشتند. قم و جمکران وحرم حضرت معصومه. مشهد هم که اوجب الواجبات بود! گاهی با خود می اندیشیدم ایا اصلا از همسر و شوهرانشان خبر دارند .؟ ایا اصلا فکر میکردند که نوجوان وجوان در خانه دارند وباید به مسایل انها هم توجه کنند؟ تمام هم سن و سالهای من وزهرا کلی مشغولیات برای خودشان داشتند. کلاس شنا کوهنوردی و کلاس موسیقی. سینما وپارک و دور همی های دوستانه . اما ما از تمام ان تفریحات محروم

بودیم. و تنها تفریح ما رفتن به مولودی بود که یا باید دست میزدی یا صلوات میفرستادی. مادرم از ماه رجب شروع میکرد به روزه گرفتن ویک روز در میان روزه بود. من و زهرا هم که سالها بود مکلف شده بودیم به روزه گرفتن. زهرا با اینکه ناراحتی معده داشت و روزه گرفتن به او واجب نبود اما به دستور پدر سحر بیدار میشد و با ما سحری میخورد. خواهرم بیچاره تا موقع افطار باید به خود میپیچید از معده درد بیتاب می شد. اما طبق حکم حاج عباس روزه برای استراحت معده خوب بود وباعث سلامتی میشد! یادم میاید یک روز که خیلی حالش بد شده بود او را به اطاق خواب کشاندم وبه زور به او لقمه نان وپنیر دادم. که با هزار جور ترفند از اشپزخانه کش رفته بودم. اول قبول نمی کرد تاما من به حرفش گوش ندادم به زور لقمه را داخل دهانش گذاشتم. چون دیگر تحمل درد ورنجی را که میکشید نداشتم. به او گفتم که حق روزه گرفتن را ندارد واگر خداوند در روز قیامت می خواست او را محاکمه کند من گناهش را به گردن میگیرم! حاج عباس متوجه شد که زهرا دیگر از درد معده پیچ وتاب نمی خورد و سر سفره افطار رنگ ورویی بهتری دارد. انگشترش را در انگشتش جابه جا کرد و با لبخندی گفت:

- قربان بزرگی ات خدا. دیدی زهرا خانم؟ دیدی گفتم معده ات کم کم عادتمیکنه؟ و روزه گرفتن خودش بهترین راه سلامتی بدنیه؟

زهرا نیم نگاهی به من انداخت و هر دو در دل به طرز فکر پدر عاقل و همه چی دان خود خندیدیم. زهرا استعداد خوبی در یادگیری داشت . با اینکه خیلی درس نمی خواند اما تا به حال از درسی رد نشده بود و نمراتش زیر پانزده نیامده بود. گاهی که دردل میکرد میگفت:

- چه فایده نمره بیست بگیری یا نمره ده. در هر صورت بابا نمیزاره بریم دانشگاه. میگه محیط دانشگاهی فاسده! دخترو پسر نامحرم نباید زیر یه سقف با هم باشند. میگه حاج یوسف گفته از وقتی پسرم رفته دانشگاه کلی اخلاقش عوض شده . تیپ میزنه وبا دخترای هم کلاسش قرار میزاره. وای به حال من که اینا دخترن وپسر نیستن.

تقریبا پانزده ساله بودم که زهرا سال اخر دبیرستان را می گذراند. حاج عباس برای بار سوم به حج مشرف شد. تصور کنید در زمان بازگشت حاجی از مکه خانه ی ما چه حالی داشت؟ حاج خانم حسابی ریخت وپاش میکرد. کلی میوه و شیرینی به همراه میز وصندلی سفارش داده بود. همه ی کوچه را ریسه های نورانی زده بودند. وبا پارچه های رنگی نقاشی شده از خانه کعبه و تبریک تشرفشان از خانه خدا همه ی کوچه را کاغذ دیواری کرده بودند. بوی اسپند وعود همه جا را پر کرده بود. از طرف صنف بلور فروشان بازار دو گوسفند وچند سکه طلا کادو فرستاده بودند. اهل فامیل هم دو گوسفند دیگر فرستاده بودنتد. و به غیر از اینها حاج خانم خودش هم یک گوسفند دیگر خریده بود برای قربانی کردن جلو پای همسر! سر هم شش

گوسغند قرار بود قربانی خاک پای حاجی شوند. به نظر من یک گوسفند هم کافی بود. ! شام در یکی از بهترین تالار های محل زندگیمان رزرو شده بود. مرتضی طبق معمول همه کاره مراسم بود و داشت برای صاحب کارش سنگ تمام میگذاشت. انگار واقعا باور داشت پسر حاج عباس است. !

در ان سیزده روزی که حاج عباس نبود من کمی نفس راحت کشیدم. مادرم از بس کار میکرد و دایم سرگرم بودذ اصلا مرا فراموش کرده بود. و کل ذهنش را به انجام مراسم شده بود و برگشت غرور افرین حاجی. با رضا حسابی خوش می گذراندیم. توی سرو کله همدیگر میزدیم ومی خندیدیم. برای هم دیگر لطیفه وجوک میگفتیم و شکلک در میاوردیم. دو روز به خانه خاله مهناز مادر رضا رفتم. چون خاله ام به مادرم گفته بود مریم که کمک نمی کند هیچ جلوی دست وپا رو هم میگیرد . او را به خانمه خودمان میبرم تا سرگرم درس ومشقش بشود. - - - - - - به انجا رفتم اما تنها چیزی که به خاطرم نیامد درس و مشق بود. یا داخل حیاط اب بازی میکردیم یا نقاشی میکشیدیم. رعنا یکسالی از رضا کوچکتر بود. او هم مثل کمن دختر سرزنده و شادابی بود. از یک گوشه نشستن وکز کردن متنفر بود. . به یاد دارم وقتی یک روز حسابی بازی کرده بودیم و دیگر کاری برای انجام دادن نمانده بود رفت ویک ضبط صوت دو کاسته قدیمی اورد و داخلش نوار گذاشت. از قرار معلوم مربوط بود به جوانی های اقای فرهنگ که خاله مهناز ان را داخل وسایل عتیقه گذاشته بود. با انکه قدیمی بود کار

میکرد. داخل ایوان انرا روشن کردیم ویک اهنگ قدیمی شاد گذاشتیم وکلی خخوشحالی کردیم. رضا بلند شد وشروع کرد به رقصیدن . البته بیشتر اسمش مسخره بازی بود تا رقص. رعنا و من هم شروع کردیم به خواندن وتا انجا که میشد همراهیش کردیم. ان روز حسابی به ما خوش گذشت. شب مادرم به خاله مهناز سفارش کرده بود که مرا فردایش با خود برگرداند. فردایش روز امدن حاج عباس بود و من باید حتما در منزل می بودم. حسابی دمق وناراحت بودم. رضا ورعنا هم حال مرا داشتند. رعنا که دمر شد وگوشه ای ولو شد. هم ناراحت بود وهم خسته. به پشتی داخل سالن تکیه زده بودم و اخم هایم حسابی درهم بود. رضا کنار من نشست.

- مریم هر وقت تونستی بیاا خونه ما. تو بودی خیلی به ما خوش گذشت.

- باشه من که خیلی دوست دارم اما اخلاق بابامو که میشناسی اجازه نمیده. قول بده شما بیاین . شما با ما فرق دارین.

رضا دستش را دراز کرد ودست مرا که حالا لبه ی پشتی قرار داشت گرفت. یک لحظه تنم یخ کرد. احساس کردم دارم می لرزم. تا به حال این احساس را تجربه نکرده بودم. به سرعت برق دستم را از دستش نجات دادم و از اطاق خخارج شدم. شب تا دیر وقت خوابم نبرد. تمام وقت به رضا فکر میکردم. و اضطرابی را که با کارش به من دست داده بود. چرا یکباره اینگونه شدم. ؟ مگر نه اینکه او پسر خاله من است و ما از بچگی با هم بودیم؟ با هم بازی کردیم وبارها دستهای هم را گرفته بودیم؟ پس چرا امشب این حال عجیب

را داشتم؟ اصلا این حس تازه را نمی شناختم. برایم نا اشنا بود اما هر چه که بود از ان وحشت داشتم. حاج عباس روز بعد از ان ماجرا از مکه بازمیگشت. از صبح خیلی زود همه از خواب بلند شدند. سینی ها ی شیرینی و میوه در ظرفهای سیلور اجاره شده حاج خانم میزها را تزیین کرده بود. میز وصندلی ها در دور تادور حیاط چیده شده بود. و بساط چایی و شربت به راه بود. مرتضی هم طبق معمول فرماندهی مراسم را به عهده گرفته بود. گاهی اوقات می دیدم دارد به زهرا نگاه میکند. و زیادی حواسش به او بود. دور وبرش می پلکید و هر چه میگفت سریع اطاعت میکرد. ان موقع فکر میکردم برای شیرین شدن پیش حاج خانم وحاج اقا این کارها را میکند اما بعد ها فهمیدم اتفاقا برای چاپلوسی پیش خود زهرا بوده و از اول چشمش زهرا را گرفته بود. صدای ناله و بع بع گوسفند ها محله را پر کرده بود. زبان بسته ها نمی توانستند به شیوه دیگری اعتراض کنند اما فهمیده بودند دارند قربانی خود خواهی انسانها می شوند. شش گوسفند فدای قدم های یک انسان. ایا این زبان بسته ها خون نداشتند ؟ گوشت نداشتند؟ تولید مثل نمی کردند؟ بچه دار نمی شدند؟ صددرصد که اینها جاندار بودند و افریده ذات پاک خداوند. چطور به خودمان اجازه می دهیم بابت هر کاری و ریا کاری خون این جانداران بی گناه را بریزیم؟ به این حیوانات هم عاطفه دارند. احساسات زیبایی دارند که اگر غیر از این بود اینگونه عاشقانه مادری نمی کردند.

- عاطفه عاطفه جان

- بله. چی شده؟

- هیچی عزیزم نترس . چرا اینجا خوابیدی؟ بیا برو سر جات بخواب.

- ساعت چنده؟

ساعت شش و نیمه. بیدارشدم دیدم سرجات نیستی. اینجا خوابت برده بود.
بیا برو روی تخت دراز بکش.

- نه دیرم میشه باید برم دادگاه

- عاطفه خانم امروز جمعه است. همه جا تعطیله.

محمود ارام بلندم کرد و کمک کرد تا روی تخت دراز بکشم. وقتی بیدار
شدم ساعت به ده صبح بود. اصلا نمی دانم دیشب چطور خوابیدم. و چه
حالی داشتم اما فقط میدانم مشغول خواندن دست نوشته های مریم بودم
که خوابم برد. دست وصورتم را که شستم به اشپزخانه رفتم. محمود مشغول
نوشیدن چایی بود و رها هم جلوی تلویزیون دراز کشیده بود و کارتون نگاه
میکرد. با دیدن من از دور سلام بلندی سر داد و برایم دست تکان داد. من
هم از دور بوسه بارانش کردم. محمود خندید وبلند شد تا برایم چایی بریزد .
با اشاره دست فهماندم که خودم اینکار را انجام می دم.

- خوب خوابیدی ؟ مثل اینکه دیشب حسابی مشغول مطالعه بودی که از
خستگی همون جا خوابت برده بود.

چایی را که ریختم روی میز گذاشتم و خودمم هم کنار محمود نشستم.

- اره . قصه زندگی مریمه. همون دختری که برات تعریف کردم. مشغول خوندن بودم که نفهمیدم اصلا چی شد خوابم برد.

تکه بیسکوییتی برداشتم وهمرا چایی خوردم.

- که اینطور. برنامه امروزت چیه؟ می خوام برم بهشت زهرا. دیروز نرسیدم برم. میای بریم یانه؟

- باشه حتما . منم خیلی وقته نرفتم. ولی قبلش باید یه دوش بگیرم سرحال بشم بعد.

- باشه پس تا تو کاراتو میکنی منم یه دستی به سر و گوش ماشین میکشم

به حمام رفتم و رها را هم همراه خودم بردم. در بهشت زهرا جمعیت زیادی طبق مغمول در حال رفت وامد بودند. کاش می توانستم بفهمم این ساکنین خاک در زمان حیاتشان هم اینقدر دلسوز داشتنه اند واقوام به دیدارشان می رفتند؟ رها بسته ای خرما به دست گرفته بود وبه همه عابرین تعارف میکرد. با گلاب سنگ قبر پدرومادرم راشستم. بسیار دلتنگشان هستم. وجود پدر ومادر برای بچه ها مثل هوا برای نفس کسیدن است. کاش اینقدر زود دخترشان را تنها نمی گذاشتند. برادرم هم که سالهاست مثل تمام جوانان تحصیلکرده دیگر دوست داشت به کشورهای اروپایی سفر کند و این کار را کردو مرا تنها گذاشت. پدر محمود هم فوت کرده است. اما مادرش

خوشبختانه در قید حیات است. برسر مزار همه ی در گذشتگان سری زدیم وبرای انها از خدادند امرزش و رحمت خواستار شدیم. صدای شیون وزاری از همه جای گورستان به گوش می رسید. در عرض ان یکی دو ساعت فوت شدگان زیادی را به خاک سپردن. و خیلی از خانواده ها داغدار شدند. باخود اندیشیدم معنی زندگی چیست؟ ایا این زندگی پوچ و بی ارزش نیست؟ یعنی خداوند قادر و متعال این جهان را با این همه عظمت وکهکشان و این همه نظم ونظام زیبای سرمست کننده فقط برای تولید ادمیزاد و تخریب ان توسط خودش افریده است؟ و بعد تمام؟ ! من باور ندارم. زندگی ما اینقدر ساده و مسخره نیست که به ان نگاه می کنیم. پشت این کمیت عمر انسان کیفیتی وجود دارد که هر کسی به ان توجه نمی کند. اگر بچه باشی واگر پیر. اگر توانگر باشی و اگر بی چیز. اگر زن باشی و اگر مرد. اگر سالم بمیری ویا در بستر بیماری در هر شکل وموقعیت و هر رده ای و از هر رنگ و جنس و نژادی مرگ تمامت می کند و راه گریزی ازان نیست. تنها دارایی که با خود میبریم تکه ای پاچه سفید خواهد بود و بعد از چند روز تبدیل به مردار بد بویی خواهیم شد که حتی مادر هم تحمل نزدیک شدن به بچه اش را در ان حال ندارد. و همنشین ما کرم ها ومور ها خواهند بود. تبدیل به خاک و خاکستر خواهی شد وان وقت تو دیگر هیچی! با خود اندیشیدم چقدر بدبختیم ما مردمی که به خود می نازیم و به ظاهر و موقعیت و پول خود افتخار میکنیم در حالی که غافلیم از اینکه همه ما هیچیم و بس! از ما

چه می ماند؟ چطور باید ثابت کنیم که بوده ایم و زمانی با پاهای خود روی زمین راه می رفتیم؟ فقط یک چیز. خاطرات. خاطرات ما هستند که ثابت میکنند ما که هستیم و چقدر خوبیم وچقدر بد. خاطراتی که در ذهن مردم میگذاریم و در مورد ما قضاوت میکنند ما هستیم. به خود گفتم عاطفه انسان باش و مانند یک انسان واقعی زندگی کن و خاطره بساز. برای تمام بازمانده ها یت خاطره بساز. خاطراتی که وقتی از انها یاد میکنند با یادت خوشحال شومند وباعث شادی اشان شوی و دلتنگت شوند. از قلب مهربانت و از زبان شیرینت و از دستانی که برای کمک به مردم خیر می خواست بگویند و خاطره ها تعریف کنند. بگذار خدادند به تو ببالد. بگذار به وجودت افتخار کند و بدان که چرا خدادند اینقدر در مورد بنده هایش صبور است ! وقتی که به خانه برگشتیم محمود به همراه رها به منزل مادرش رفت . یک ماهی می شد که نرفته بود برای دیدار مادر. مادر محمود خامنی دلسوز و مهربان است. در این مدت اشنایی من با این خانواده کاری نکرده که من ناراحت شوم یا دلتنگ شوم . جای خالی مادر نداشته ام را برایم پر کرده است. محمود تنهال فرزند پسر اوست و غیر از محمود سه دختر هم دارد. سودابه خواهر بزرگ محمود در شهر رشت زندگی میکند و ملیحه خواهر دومش وقتی که در دانشگاه کرج درس می خواند هممان جا ازدواج کرد و ماندگار شد. خواهر کوچک محمود هم سمانه است و هنوز ازدواج نکرده است. و در یک شرکت بازرگانی کار میکند. خانواده ارام و خوبی هستند و

جای خالی خانواده ام را برایم پر کرده اند. با اینکه بسیار دوست داشتم به دیدارشان بروم اما زمانی که یاد مریم افتادم شرایط را مساعد دیدم تا به پرونده او رسیدگی کنم و تلفنی از مادر محمود معذرت خواهی کردم و قول دادم در اولین فرصت به دیدارشان بروم. از داخل یخچال کمی میوه اوردم و زیر کتری را هم روشن کردم. روی تختم دراز کشیدم و مشغول خواندن شدم.

تقریبا نیمی از مهمانای حاج خانم به استقبال حاجی رفته بودند. به پیشنهاد رضا به پشت بام رفتیم تا از دور شاهد امدنشان باشیم. از پشت بام وقتی کوچه را با ان همه چراغ و نور و پارچه های رنگی و دود اسپند دیدم خیلی قشنگ تر به نظرم امد. از نقل قول ها شنیدم که هرکس به مکه برود وکعبه را طواف کند خداوند گناهانش را می بخشد و مانند روزی است که از مادر متولد می شود. با خودم گفتم یعنی

به این خاطر است که حاج عباس تند تند به مکه می رود؟ می رود تا گناهانش را پاک کند و دوباره از سر نوع گناه کند؟ انها که بی پول هستند باید چکار کنند؟ یعنی جهنم مال بی پول هاست فقط؟ اگه اینطور باشد بهشت برای پولداران است و جهنم برای فقیران! وای چقدر سخت است . چه بی عدالتی!

- چیه مریم؟ چرا تو فکری؟ خیلی صدات زدم حواست نبود.

- اره داشتم فکر میکردم.

۳۹

- به چی؟

- به بهشت و جهنم وارتباطش با حج

- یعنی چی؟

- یعنی خدا چطور دلش میاد این همه ادم رو بندازه جهنم؟ میدونی خیلی ادم در این دنیا زندگی می کنند ولی همشون به حج که نمی رن تا گناهانشون بخشیده بشه. خوش به حال حاجی جند سال یه بار میره مکه و هر چی گناه کرده در این مدت پاک میکنه وبرمیگرده. و با خیاال را حت زندگیشو میکنه.

- اره شایدم نمی دونم. من که به این چیزا فکر نمی کنم وتو هم نکن.

- تو اصلا مگه فکر هم میکنی؟ به نظرم رعنا به جای توام فکر میکنه.

- اره معلومه که فکر میکنم. ولی فرق من با تو اینه که من به چیزهای خوب فکر میکنم ولی تو به چیزهایی که به دردت نمی خوره. و هیچی ازشون نمی فهمی.

- مثلا چی اقای نتفکر!

رضا جلوتر امد و اران سرش را نزدیک صورتم اورد و با صدای ارامی گفت:مثلا من به تو فکر میکنم. همیشه

خندیدم . تنها کاری که می توانستم انجام دهم این بود وبلند بلند خندیدم.

- من حتی به خنده هاتم فکر میکنم.

این را که گفت خنده ام هم محوشد. با بهت به اوو نگاه کردم و ارام ارام از او فاصله گرفتم. و ار راه پله ها با سرعت به پایین سرازیر شدم. رفتار رضا . حرفهایش و نگاهش بامن عوض شده بود. دیگر ان پسر بچه ساده و بازیگوش گذشته نبود. چیزی ته دلم می لرزید. به حس هایم حساسیت و خجالت هم اضافه شده بود. چیزی وادارم میکرد از رضا فاصله بگیرم. وقتی که او را می دیدم قلبم تند تند میزد. و نفشم به ماره افتاد. حس عجیبی بود که تا به حال تجربه اش نکرده بودم. حاج عباس سوغاتی هایش را تقسیم کرد. اما تنها کسی که از گرفنم سوغاتی اش خوشحال بود مادرم بود. یک اویز گردنبد بهشکل خانه خدا که با نگین های رنگی اراسته شده بود. معلوم بود که باید خوشحال باشد. زنها عاشق طلا هستند. اما سفارش من وزهرا چی شد؟ عطری که سفارش داده بودیم کجا بود؟ چرا تبدیل به چادر عربی و سجاده شده بود؟ از این چیزها که به لطف حاج خانم زیاد داشتیم. اها حتما طبق قتوی حاج اقا عطر وادکلن واسپری حرام بود! هر گونه عطر وادکلن برای دختران جوان ممنوع است! لین جمله ای بود که از کودکی به زبانهای مختلف در گوش ما خوانده بودند. حاج اقا خوب میدانست نه تنها از دیدن ان سوغاتی ها خوشحال نیستیم که ناراحت هم شدیم. اخم هایش را در هم کشید و روزنامه را برداشت و روی مبل نشست. همان طور که روزنامه را باز میکرد زیر لب چیزهایی میگفت که من حتی یک کلمه هم از

انها نفهمیدم. خوب میدانتستم صحبت در این باره بی فایده است. از اطاق خارج شدم وبه حمام رفتم. زیر دوش اب هنگامی که اشتم بدنم را می شستم فکرم متوجه بدنم سد. کم کم داشتم پانزده ساله میشدم وعلایم بلوغ در بدنم ظاهر می شد. وکمی چاق شده بودم وبرجستگی های بدنم داشت نمایان می شد. پوست بدنم هم لطیف تر از قبل شده بود. از اینکه چرا اینقدر به بدن خودم نگاه میکنم و در مورد اینکه چه داشت رخ میداد کنجکاوی میکردم خجالت کشیدم. سریع دوش اب را بستم و لباس پوشیدم و بیرون دویدم. حوله را دور سرم پیچیدم و روی تخت درراز کشیدم. و به فکر فرو رفتم. من کی بزرگ شده بودم که خودم نفهمیدم. مت. جه اندن زهرا نشدم.

- چیه خوابی؟ به چی فکر میکنی؟ چرا موهاتو خشک نمیکنی؟

- هیچی ببخشید الان پا میشم

- چی شده مریم؟ اتفاقی افتاده؟

- نه به خدا هیچی

از روی تخت بلندشدم و جلوی ایینه نشستم. حوله را از روی موهایم کشیدم. خرمن موهایم یکباره فرو ریخت. بااینکه چهار سال از زهرا کوچکتر بودم اما از لحاظ قد وهیکل از او درشت تر نشان میدادم. موهایم به برکت

ارایشگاه نرفتن و همیشه زیر روسری پنهان ماندن دست نخورده مانده بود و
تا پایین کمرم می رسید.

- بیا بشین کمکت کنم موهاتو شونه کنی

- روی لبه ی تخت که روبروی ایینه بود نشستم وبا یک کرم مرطوب
کننده صورتم را که براثر صابون زدن خشک شده بود نرم کردم. همهن طور
که زهرا داشت با موهایم کلنجار می رفت تا انها را شانه کند به خودم داخل
ایینه نگاه کردم. ایا دوران کودکی ام به پایان رسید؟ ایا دیگر شادی و تفریح
از زندگی ام رخت برست و من باید تا ابد با خنده هایم خداحافظی کنم؟ ایا
نوبت من بود تا یک زهرای دیگر بشوم؟

- زهرا؟

- بله

- ازت یهسوال بپرسم قول میدی بین خودمون بمونه؟

- اره بپرس. کی تا حالا شده حرفامون جایی گفته بشه.

- هیچوقت. اما این بار فرق داره. سوال خصوصیه

- خصوصی؟ عیبی نداره بگو

- تو جند سالت بود به سن بلوغ رسیدی؟ یعنب از کی فهمیدی مدل بدنت
داره مثل خانم ها میشه

لبخندی گوشه ی لباانش نشست و همان طور که داشت موهای مرا شانه میکرد در ایینه نیم نگاهی به من انداخت.

- فکر میکنم سیزده سال یا چهارده سال. البته من با تو خیلی فرق دارم. من اصلا بچگی نکردم. به همبن خاطر کمکت می کردم که راحت تر بچگی کنی. چون خودم همیشه حسرت بچگی مو خوردم که دیگه برنمیگرده.

- زهرا خیلی خجالت میکشم. از اینکه جلوی بابا و مامان و یا بقیه فامیل هیکلی مثل خانمها داشته باشم و جلوشون رژه برم و اونها منو برانداز کنن خجالت میکشم.

- اولش همین طوریه. کم کم یادمیگیری چطور رفتار کنی. اندامت برات عادی میشه. خوشبختانه چون ما ازبچگی همیشه لباسهای بسته وپوشیده داشتیم وپوشیدیم خیلی الن مشکل پوشش نداری ولی باید لباس زیر مخصوص بخری و همیشه امادگی لازم برای هر تغییری را داشته باشیوتوی این سن بدن دخترها برای مادر شدن اماده میشه . باید خیلی به سلامت خودت اهمیت بدی و همیشه اگه مشکلی داشتی و یا سوالی برات پیش اومد باید بری پیش دکتر و مشاوره بگیری.

- تو خودت مثل من بودی؟ همین حس رو داشتی؟

- اره تاره بیشتر از تو. تو الان من رو داشتی که باهاش صحبت کنی و مشکلت رو بگی ولی من هیچکس رو نداشتم. حتی از اینکه هیچکس رو نداشتم که باهاش صحبت کنم شبها گریه میکردم.

از اینکه با زهرا صحبت کردم خوشحال بودم. شاد بودم از اینکه خواهر دلسوز و مهربانی مثل او دارم. که اینقدر با علاقه و رو راست بامن حرف می زد. به فکر دختران نوجوان دیگر افتادم که در سن بلوغ هستند و درگیر تحولات پیچیده ای که داشت در بدنشان اتفاق می افتاد اما کسی را نداشتند که از او راهنمایی بخواهند ومشاور ئاشته باشند. مدتها بود که فکر هرشب من رضا بود. دیگر با ان حس های تازه خو گرفته بودم ونا اشنا نبودم. و به وجود حس های عجیب وغریب و درهم وبرهم که در سرم می چرخید عادت کرده بودم. دیگر خوب میدانستم چه حسی دارم. من رضا را دوست داشتم. اما نمی دانم ان حس همان حس معروف عشق بود که مردم قرنهاست دارند در موردش می نویسند ویا یک دوست داشتن ساده که از دوران کودکی شکل گرفته بود. سه ماه بعد از بازگشت حاج عباس و گرفتن مدرک دیپلم زهرا برایش خواستگار امد. مرتضی همان پسر خوانده پدرم. نمی دانم چرا اگر خودش را پسر خوانده حاجی میدانست و می گفت حاجی مثل پدرم است به خواستگاری امده بود؟ مگر غیر از این بود که ماهم خواهر هایش حساب می شدیم؟ نمی دانم. شاید به قول رضا من به چیزهای بی ربط زیاد فکر میکنم. سال اول دبیرستان را تمام کرده بودم و منتظر تمام

شدن تابستان بودم تا سال دوم را شروع کنم. امسال انتخاب رشته داشتم و باید رشته مناسبی را انتخاب میکردم. البته به حال امثال من و زهرا فرقی نمیکردچه رشته ای درس می خوانی یا چطور نمراتی داریو هدف گرفتن دیپلم بود و بعد هم ازدوج! وقتی که بچه بودیم زهرا همیشه میگفت دوست دارد پزشک داروساز بشود تا داروهای جدید درست کند. هر چیزی که به دستش میرسید را با هم مخلوط میکرد و چیزهای جدید می ساخت. دختر بااستعدادی بود و با این قلب مهربان و زیبایی باطن وظاهری که داشت فرزند هر کس دیگری که میشد به غیر از پدر و مادر من حتما به دانشگاه میرفت و در بهترین مدارج علمی درس می خواند. یک شب را برا یخواستگاری تعیین کردند. ان روز یکی از روزهای بد در زندگی من وزهرا بود. زهرا ناراحتی اش را با سکوت وبغض نشان میداد و من با پرخاشگری و بهانه جویی. او دوست نداشت ازدواج کند و من هم با ناراحتی او ناراحت بودم و اصلا تحمل دیدن صورت غنزده اش را نداشتتم. از صبح با تشنج همراه بود. هردو ناهار نخوردیم و هر دو دعا میکردیم اتفاقی بیفتد و کلا این مراسمبه هم بخورد. هرکلکی را که می توانستم انجامم دادم. خودم را به مریضی زدم و ادای کسی را در اوردم که درد اپاندیس دارد وباید به بیمارستان برود. اما متاسفانه درمانگاه محل تشخیص درست داد وگفت من کمی استراحت کنم خوب می شوم! و فقط نتیجه اینهمه گریه وزاری دروغین یک امپول بود! فنجان وبشقاب میشکستم و یواش کنتور برق را

میزدم تا مراسم عقب بیفتد اما به هر دری زدم فقط خودم را خسته کردم. یک ساعتی به امدن مهمانهای نا خوانده امده بود. دیگر طاقتم طاق شد و تحمل نیاوردم و پرخاش کنان به مادرم تازیدم.

- چرا می خواین شوهرش بدین؟ مگه چند سالشه؟ نکنه جای کسی رو تنگ کرده؟

- این چه طرز حرفزدنه؟ مریم حواست هست چی میگی ؟ به فرض دوسال دیگه هم موند تو خونه. بالخره که چی؟ باید ازدواج کنه یا نه؟

- چرا با مرتضی؟ ادم قحطی بود؟ این همه پسر های خوب و تحصیلکرده. مرتضی چیش به زهرا می خوره اخه؟

با صدای مشاجره من و مادر که بالا گرفته بود حاج عباس پشت سرم نازل شد. کمی دست پاچه شدم اما به روی خودم نیاوردم. زهرا دلشوره داشت و رنگش پریده بود. یکبار به من و یکبار به حاج عباس نگاه میکرد. حاج عباس با صدای درشتی حرف میزذ.

- چه خبره؟ خونه رو گذاشتی رو سرت. از کی تا حالا با مادرت اینطوری حرف میزنی؟

اول نمی خواستم چیزی بگویم اما وقتی که به زهرت نگاه کردم دوباره شیر شدم و به چشم های پدرم خیره شدم. با خودمگفتم شاید اخر این بحث به نفع من تمام نشود ولی اگر به نفع زهرا تمام شود خوب است.

- بابا زهرا راضی نیست. نمی خواد شوهر کنه. چرا می خواین به زور شوهرش بدین؟

از شجاعت خودم تعجب کردم. معمولا کسی از حاج عباس سوال نمیکرد. حاج عباس کمی چشمهای درشتش را تنگ کرد و خیره به صورتم نگاه کرد. حاج خانم و زهرا هم خیرهنگاه میکردندو چیزی نمی گفتند.

- کی گفته زهرا مجبوره با اون ازدواج کنه؟ زهرا کی گفته با مخالفه. زهرا تو به ما گفتی مخالفی؟ اون روزی که زنگ زدند و اجازه خواستند برای خواستگاری بیان اینجا چرا حرفی نزد؟ حتما راضی بوده والا چیزی میگفت.

- به کی بگه؟ مگه ازش پرسیدین؟ مگه ازش نظر خواستید؟ با با زمانه عوض شده. دیگه مثل قدیما نیست. الان دخترا خوئشون تصمیم میگیرن کی ازدواج کنن.

- از کی تا حالا تو باید به من بگی جکار کنم یا جکار نکنم. ؟ زمانه عوض شده من که عوض نشدم. خیلی گستاخ شدی مریم. به تو چه ربطی داره تو کار بزرگترا دخالت میکنی؟

من که جیزی نگفتم بابا. فقط میگم زهرا گناه داره دلش با مرتضی نیست. هر چی باشه اون خواهرمه. باید نگران اینده اش باشم. اگه مجبورش نکردین زنگ بزنین بگین نیان.

- واقعا دختر بی ادب و پررویی شدی. به خودت اجازه دادی تو روی من وایسی و چرت وپرت بگی؟ از جلو چشمام برو گم شو تا پر دهنتو خون نکردم.

بحث کردن بی فایده بود و من ضعیف تر از این بودم که بتوانم حاج عباس را شکست دهم. ترجیح دادم که بیرون بروم و بیش از این ذر گیری درست نکنم. تسبیح توی دست حاج عباس با عصبانیت بالا و پایین می شد. صورتش قرمز شده بود و پره های بینی اش تند تند تکان می خوردند. ارام از کنارش رد شدم و به حیاط رفتم. روی پله های داخل نشسته بودن که حاج خانم برایم چادر پرت کرد. در ان موقع شب با ان همه لباس پوشیده که در ان فصل سال به تن داشتم و شالی که دور تا دور سرو گردنم را پوشانده بود واقعا مسخره بود که یک چادر هم دور خودت بپیچی! چاره ای جز قبولش نداشتم. اگر زهرا با من همکاری میکرد و اینقدر نمی ترسیید برای یک بار هم که شده از حقمان دفاع میکردیم. می شد کمی به این اوضاع سرو سامان داد. اما یک دست صدا نداشت. همان طور که اخم الود و دست به زانو کز کرده روی پله ها نشسته بودم کسی ایفن در را زد. دست پاچه شدم چون نمی خواستم انها مرا ببینند. سریع خودم را به پشت ماشین حاجی رساندم و انجا قایم شدم. با خود زیر لب گفتم :کاش گردنتون میشکست به اینجا نمی امدید.

صدای دعا خواندن مادر مرتضی می اند که داشت زیر لب تکرار میکرد. خیلی ذوق کرده بودند و معلوم بود از خوشحالی دست و پایشان را گم کرده بودند.

- خدایا قسمت میدم به حق بزرگیت این وصلت رو جور کن . پسرم با زهرا ازدواج کنن و صاحب زن و زندگی بشه و به نون ونوایی برسه.

- این چه حرفیه خانوم دست بردار

- نه نه مرتضی باید داماد حاج عباس بشه . حاجی پسر نداره و مرتضی زا هم خیلی دوست داره و چی از این بهتر. هر چی گفتن قبول میکنیم.

صدای مرتضی هم در امد

- بسه دیگه مامان زشته میشنون

با سرغت هر سه از پله ها بالا رفتند. بیچاره زهرا. فکر میکرد مرتضی ئپدوستش داره و فقط یک یک طرفه است. اما این طور که معلومه فقط یک معامله دو دوتا چهارتاست. حساب و کتاب دارد و دارایی و اسم و رسم حاجی انها را کشیده اینجا. جالب است که برای این جور نیات که البته خیر نبود از خدا کمک هم می خواست! تمتم سعی خودم را کرده بودم. دیگر کار از کار گذشته بود. من سعی داشتم کار به خواستگاری رسمی نکشد و حالا که انجام شد و انها امدند. حاج عباس دیگر عقب نمی کشید. بعد از مراسم خواستگاری بلافاصله انگشتر دست زهرا کردند و قرار شد شب نیمه ی

شعبان عقد وعروسی را با هم برگزار کنند و سریع کارها انجام شود. ان شب من و زهرا تا سحر بیدار بودیم و زهرا اشک میریخت و منم عصبانی. دم دمای صبح که زهرا خوابش برد به دستشویی رفتم تا وضو بگیرم برا ی نماز. در اطاق مادرم نیمه باز بود و از لای در نور اباژور اطاقش به بیرون می تابید. وقتی که داشتم به اطاقم برمیگشتم زمزمه هایی به گوشم رسید و صدای ریز مادر که داشت گریه میکرد. اول بی تفاوت عبور کردم از دستشان ناراحت بودم که داشتند دخترشان را قربانی خود خواهی خود میکردند. چند قدمی را به سمت اطاق خودم قدم برداشتم. اما نشد. بی تفاوتی به صدای گریه مادرم برایم ممکن نبود. مگ می شد مادرم گریه کنند و من بی تفاوت رد بشم. به سمت اطاق مادرم رفتم و در زدم و در را به سمت جلو هول دادم. اذان شده بود و مادرم سجاده اش پهن بود. او هم مانند من وزهرا نتوانسته بود بخوابد. ارام کنارش نشستم. وقتی که مرا دید اشکهایش را پاک کرد.

- چرا اینجایی؟ نخوابیدی؟

- رفتم دستشویی. شما چرابیداری؟ چته مامان؟

- هیچی و کمی دلم گرفته بود و یاد مادرم افتادم

- خدا رحمتش کنه . حالا چرا این موقع یاد اون خدابیامرز افتادی؟

نمی دونم شاید به خاطر اینکه زهرا داره ازدواج میکنه از این خونه بره جاش خیلی خالی میشه. ما همین طوری هم خانواده کم جمعیتی هستیم.

- پس چرا شوهرش دادی مامان؟ کار بدی کردین. زهرا اصلا راضی نیست. تا الان داشت گریه میکرد. مرتضی به خاطر ثروت حاجی اومده جلو نه به خاطر خوش

- این چیه حرفیه میزنی مریم؟ چراتهمت میزنی به مردم اخه؟ بازم شروع کردی؟

- نه به خدا خودم تو حیاط بودم شنیدم. مادرش میگفت هر چی گفتن قبول میکنیم تا مرتضی به نون و نوایی برسه حاجی پسر نداره.

- ببین مریم جان جلوی قسمت رو نمیشه گرفت. منم مادرم. از تو برا ی مریم دلسوز ترم. ولی به جون خودش دست منم نیست. مرتضی نباشه یکی دیگه. این طفلک که داتشگاه نمی تونه بره. هنوز تا یه پاک و دانشگاه نرفته . چه برسه سر کارو دانشگاه. اما خوبیش اینه مرتضی رو از بچگی میشناسیم. می دونیم دست ودل پاکه و حاجی کلی قبولش داره. اگه هم به نیت پول دارن میان که میگی اوا واخر هر کس دیگری هم بیاد حلو همینه.

- مامان به خدا نمی دونی زهرا از دیشب تا حالا چه اشکی زیخته. به خدا اهش زندگیمونو میگیره . هنوز نوزده سالشه بزارین بزرگتر بشه حداقل

- منم پا به پای اون اشک ریختم. نمی بینی سجاده ام و بازه و نخوابیدم؟ میسپرمش دست خدا. یاد ازدواج خودم با حاجی افتادم. مادرم منو به زور شوهر داد. خیلی گریه کردم . التماس کردم و روی پاهاش افتادم ولی بی فایده بود. ولی گذز زمان من. به زندگیم دلگرم کرد و مهر حاجی افتاد به دلم. کم کم فهمیدم اشتباه میکردم و حاجی مرد مومن و خوبیه. مادرم صلاح منو خواسته بود . مطمینم زهرا هم بعد از ازدواج اروم میشه و دل به زندگیش میده.

به اطاقم برگشتم و تا وقتی خوابم برد این بار فقط به مادرم فکر کردم.

صدای سوت کتری وادارم کرد به اشپزخانه بروم. کتری تا نیمه خالی شده بود و اب باقی مانده حسابی قول قول میکرد. زیر کتری را خاموش کردم و یک چایی برای خودم درست کردم. ساعت شش بوذ . از داخل فریز یک بسته گوشت چرخکرده در اوردم تا برای شام ماکارانی درست کنم. همیشه وقتی که حال و حوصله اشپزی نداری و می خوای در وقت کم غذای خوشمزه درست کنی مارانی بهترین گزینه است و از دردسر خورشت پختن و ریخت وپاش هاش نجاتت میدهد. از پشت پنجره حیاط را نگاه کردم. هوا داشت کم کم سرد میشد و پاییز به نیمه رسیده بود. باید لباسهای گرم و زمستانی را از داخل کمد بیرون میکشیدم. یادم افتاد که باید واکسن انفولانزا هم میزدیم. مدیر مدرسه سپرده بود برای جلوگیری از سرما خوردگی و انتقال ان به بچه های دیگر حتما باید واکسن زده بشه و ار

کارهای واجب من بود در چند روز اینده. به اطاقم برگشتم و رفتم سراغ دل نوشته های مریم. قبل از انکه شروع به خوانئن کنم محمود تلفن زد و گفت رها را به پارک برده برای شام هم خودش فکری میکند. چه چیزی از این بهتر؟

- مادرم زن صبوری است. زهرا از لحاظ اخلاقی بسیار شبیه مادرم است. زنی که با تمام سختی ها و مشکلاتی که در زندگی کشیده بود حالا چه کم یا چه زیاد هیچوقت شکوه وشکایتی نکرده بود. دایم روسری به سر داشت. روسری اش را زیر چانه با گیره محکم میکرد. شلوار می پوشید ویک دامن بلند هم روی شلوارش اضافه میکرد. صورت گیرا و جذابی داشت. هیچوقت من ارایش در صورتش ندیدم ویا به ارایشگاه رفتنش را. همیشه با بندی که به قفل کمد میبست صورتش را اصلاح میکرد. کل لوازم ارایش مادرم کرم نرم کنده ابی رنگی بود که بعد از حمام به صورتش میزد و همیشه هم مارک کرم یکی بود. هیچگاه ندیدم پدر ومادرم با هم در یک اطاق بخوابند. در اطاق مادرم همه وسایل یک اطاق مرتب که باید باشد بود از بهترین نوعش اما پدرم هیچوقت انجا نمی خوابید و مادرم همیشه تنها بود. این یعنی چه؟ چرا نباید پدرم کنار نزدیکترین شخص زندگیش مه مادرم باشد بخوابد؟ انها اختلافی هم با هم نداشتند که نشانه قهر یا چیز دیگری باشد. شاید این کار پدرم هم جزو اعتقادات سنگین و اهنین او باشد. شاید با خودش فکر میکرد در شان او نیست که شب زا در کنار یک زن به صبح

برساند. تمام جزییات زندگی ام را می نویسم. تمام مسایل خصوصی وغیر خصوصی خانواده ام را می نویسم. تا شما که خواننده اید زود قضاوت نکنید و مرا صدرصد مقصر ندانید. در خوب بودن یا بد بودن یک شخص همیشه تنها خودش مقصر نیست و خیلی مسایل مختلف به هم مربوط هستند بر هم تاثیر دارند. ما انسانها همه در زندگی هم تاثیر داریم و همه جیز در کنار هم قرار میگیرد تا یک انسان عاقبت داشته باشد حالا چه خوب و چه بد! حالا تصور کنید که هر شب وقتی که می خوابید ارزو کنید صبح که شد زندگی ایتان از یکنواختی و تکرار خارج شود و روزی متفاوت داشته باشید. کوچیکترین تفریح دیگران برای ما تبدیل به ارزو شده بود. ارزو داشتم به سینما بروم . به استخر و باشگاه بروم و شنا کنم و برای کنکور درس بخوانم. با جمعی از دوستانم به پارک بروم و بستنی بخورم و بلند بلند بخندم. دوست داشتم شلوار نخی گلدار بپوشم و موهایم شانه کنم وباز بگذارم وبا خواهرم در حیاط بنشینیم و حرف بزنیم وتخمه بخوریم. شاید باور نکنید اما اینها ارزو های ما بودند که هیچوقت عملی نشد. با اینکه هر دو دیگر بزرگ شده بودیم و در دبیرستان درس می خواندیم ارزوی داشتن گوشی موبایل حسرت هر سب هر دوی ما بود. حق رفتن به هیچ کلاسی را نداشتیم. تنها جای مجاز مدرسه بود ان هم با سرویس رفت وبرگشت. مادر برایمان طلا میخرید. لباسهای گران قیمت می دوخت و بهترین و لوکس ترین وسایل منزل در اختیارمان قرار داشت اما من وزهرا روز به روز افسرده

تر میشدیم و اهمان بلند تر. فکر نمی کنم محیطی که من داشتم در اون زندگی میکردم کمتر از عربستان بود. ؟ پول واسباب و اثاثیه ان چنانی دلیل خوشبختی نیست. شاید فکر کنید این حرفها شعار است اما به خدای یکتا عین حقیقت است . همان اندازه که خانواده ای فقیر با داشتن فقر خوشبخت نیستند خانواده ثروتمند هم با نداشتن ارامش خوشبخت نخواهد شد. این حقیقتی است غیر قابل کتمان. بیاید ثروت ما برای شما . همه چیزمان را میدهیم در عوض ازادی و ارامشتان را به ما بدهید . ایا قبول میکنید. ؟ خریدار کجاست تا سهم ثروتم را با شادی و ازادی اش عوض کنم؟ خریدار کجاست؟

مراسم عقد و عروسی خیلی زود در شب نیمه ی شعبان برگزار شد. شاید مادر مرتضی میترسید حاج عباس قبل از عقد بمیرد و چیزی از این ثروت کلان نصیب گل پسرش نرسد. ! روز عروسی زهرا خیلی سنگین بود . پر از اه برای من وخودش . بیچاره زهرا باید برای کسی به حجله میرفت که اصلا دوستش نداشت. و قبلا به زور جواب سلامش را میداد و حالا این اقا مرتضی همه کاره زندگی اش می شد. همان شب از سرنوشت خودم ترسیدم. مراسم عقد در منزل خودمان انجام شد. بعد از دعوت مهمانها به تالار و صرف شام بدون هیچ شادی و بزن و بکوبی با سلام و صلوات عروس و داماد را راهی خانه ی بخت اشان کردند. زهرا بااینکه عروس ساده ای بود و حسابی لباسش پوشیده وساده بود بسیار زیبا بود و واقعا به مرتضی سیاه چرده نمی

خورد. حاج خانم مراقبم بود که در شب عروسی زهرا شیطنت نکنم ویا چیزی نگویم که باعث رنجش مادر مرتضی بشود. که البته اگر اگر حاجی نمی ترسیدم حتما این کارا میکردم. حاج عباس هم استرس داشت. دلشوره و اضطراب را در چشمانش می شد دید. عادت داشت همیشه دو تسبیح در جیبهایش بگذارد. گاهی این یکی را می چرخاند و گاهی ان یکی را. رضا حسابی ان شب تیپ زده بود. کت و شلوار پوشیده بود و مرتب ان اطراف می چرخید. شاید هم خود را داماد بعدی این خانه میدانست . خودم هم بدم که نمی امد با رضا ازدواج کنم. حداقل زندگی ام از زهرا بهتر می شد. تا چشم حاجی را دور میکرد جلو می امد ولبخندی نثارم میکرد ومیرفت. پدر رضا فرو شگاه مواد غذایی داشت. وضع مالی اشان بد نبود اما نسبت به پدر بزرگوار من پایین تر بودند. اخرشب که همه مهمانها رفتند رعنا من را کناری کشید و کاغذ تاشده ای را زیر چادرم پنهان کرد. و یاداور شد که از طرف رضاست. بعد هم سریع خداحافظی کرد و رفت. بعد از خداحافظی با باقی مهمانها به اطاقم رفتم. کنجکاوی برای خوندن و فهمیدن مطالب داخل کاغذ نفس هایم را مثل نفس کشیدن گنجشکها کرده بود.

مریم سلام

می دانم تعجب میکنی از فرستادن این نامه . و حق داری. پسر خاله که به دختر خاله اش نامه نمی نویسه . باهاش حرف میزنه و میبیندش. اما متاسفانه شرایط خانوادگی ما اینطوریه دیگه. ما از بچگی با هم بزرگ شدیم

و از همدیگر شناخت داریم. من نمی تونم لفظ قلم حرف بزنم و نامه ای رمانتیک برت بنویسم. راستش را بخوای بلد نیستم. فقط اینو میگم بهت که خیلی دوست دارم. خیلی زیاد از همه ی عزیزانم بیشتر. من می دونم حاج عباس با دانشگاه رفتن تو مخالفه و راستش رو بخوای از این بابت خوشحالم. ! و به این دلیل می خوام اگه جواب توام مثبته و علاقه ای هست یکسال دیگه ما هم پا پیش بزاریم. می خوام هم درس بخونم هم توی فروشگاه پدرم کار کنم. از دستم ناراحت نشو خیلی زور زدم تا این نامه رو نوشتم برات ومواظب خودت باش.

از نامه عامیانمه و بچگانه رضا خنده ام گرفته بود. معلوم بود خیلی ناشی و تازه کار بود. ! ولی ایا درست میگفت؟ صداقت داشت این نامه؟ و ایا من هم او را واقعا دوست داشتم ؟ وقتی به ئلم رجوع کردم دیدم بله. من هم دوستش داشتم. چقدر زیبا بود این جواب مثبت را از دلم شنیدن. چقدر لذت بخش بود تجربه این حس ناب برایبار اول در عمرم. باید جوابی به رضا میدادم. ما هنوز خیلی جوان بودیم. رضا حتی اگر سال بعد هم به خواستگاری می امد و جواب حاج عباس مثبت هم بود تازه هجده ساله می شدیم. نه رضا سربازی کرده بود نه اصلا ما امادگی ازدواج داشتیم. سن کم را می شد کاری کرد اما بزای سربازی کردن رضا محال بود حاج اقا راضی به این وصلت بشود. بنابراین تصمیم گرفتم جواب نامه رضا را اینگونه بنویسم.

سلام

من با پیشنهادت مخالفم . چون ما حتی سال بعد هم شرایط ازدواج را نداریم. تو باید فعلا صبر کنی وبه سربازی بری و هر موقع تموم شد پا پیش بزار و من منتظر میمونم و با کمال میل قبول میکنم تا ان موقع سکوت باید کرد و منتظر ماند.

این دو نامه و مکالمه مکتوب ساده برای ما حکم عقد قراردادی مهم را داشت . زندگی اینده ام را تجسم میکردم . و خیالم تا اندازه ای راحت شد. چون هم مرد اینده ام را میشناختم و هم انتخاب هم بودیم و من دوستش داشتم. در شرایط زندگی ما و ان جو حاکم بهترین اتفاق ممکن بود و میشد گفت توفیق اجباری بود که نصیبم شده بود. رضا را خوب میشناختم و شناخت متقابل ما نسبت به هم خودش بزرگترین دلگرمی بود برای استرس هایی که داشتم واینده نا معلومی که حاجی قرار بود برایم رقم بزند. زهرا بعد از دو روز برگشت. مادرم برایش اسپند دود کرد و پدرم کادو ازدواجشان را داد. دو عدد فیش حج عمره. اما کاش به انها بلیط یک توریستی را داده بود. ان وقت زهرا هم خوشحال تر میشد. تازه عروس مظلوم ما بعد از ان عقد و عروسی سوت و کور و ساده حداقل به یک ماه عسل درست وحسابی نیاز داشت تا دلش را باز کند و کمی دلخوش شود. نمی دانم. شاید حاجی باز هم صلاح دانسته اند. وقتی که با زهرا تنها شدیم سر دردل های دو خواهر باز شد. گریه ام گرفته بود. این دو روز به اندازه دو سال احساس دلتنگی کرده بودم.

- وای زهرا خیلی خوشحالم که اومدب . دلم برات تنگ شده بود. چه خبر؟ تعریف کن یکم

- منم دلم تنگ شده بود. داشتم دیوانه می شدم. فکر نمی کنم هیجپچوقت بتونم به خونه جدید عادت کنم.

- نه دیگه این حرفو نزن. حالا که رفتی باید زندگی کنی. مرتضی چطوره ؟ اخلاقش خوبه؟ باهات خوب رفتار که میکنه؟

اگه خوب رفتار نکنه چیکار میکنی؟

- میام یه کولی بازی در میارم که یادش نره هیچوقت. خواهر زنی میشم که شبها از ترس من نتونه بخوابه.

زهرا بلند خندید و چشمانش برقی زد

- نه بابا شوخی کردم. می خواستم ببینم چی میگی. فعلا برای دو روز خوبه . من که نمیشناسمش چطوره اصلا.

- خوب بگو ببینم عروسی کردین؟ رنگت جرا زرد شده؟ سخت بوده نکنه؟

- این چه حرفیه میزنی دیوونه؟ قرارنشد از این سوالها بپرسی؟

- بگو دیگه منم شاید عروس شدم . می خوام ببینم جریان چیه خب.

- جزییاتش رو نمی تونم بگم . ولی همین قدر بدون که وقتی داشت لباسم را در می اورد و دستش برای اولین بار به پوست بدنم خورد تموم دنیا خراب

شد روی سرم. نه راه پیش داشتم نه راه پس. من هنوز تا اون لحظه دوبار صورت مرتضی رو ندیده بودم و هیچوقت از فاصله یه متری اش نزدیک تر نشده بودم و حالا باید. . . .

اشک از چشمان زهرا سرازیر شد و پایین افتاد.

خیلی سخته مریم. خیلی سخته مردی رو که دوست نداری و هیچی حسی در موردش نداری بیادو صاحابت بشه . اون شب به اندازه تموم عمرم پشیمون بودم که چراشب خواستگاری از پشت تو در نیومدم و مخالفت خودمو نشون ندادم. یک کتک و یک دعوا و چند روز اعصاب خوردی و بعد همه چیز درست می شد و از دست مرتضی راحت می شدم. به فکر اینده ات باش مریم. اشتباه منو نکن.

حرفهای ان شب زهرا بسیار ناراحتم کرد. اخ از دست تو حاج عباس. اخ از دست تو حاج خانم. تو دیگه چرا؟ تو که خودت زخم خورده ی بی مهری مادرت بودی؟ تو که خودت با تحقیر و سرزنش و گریه عروس شدی؟ تو مادری. . زهرا باید یک عمر با کسی زندگی میکرد و مادر بچه های کسی میبود که قلبش او را نمی خواست. من نمی خواستم مثل زهرا باشم. می خواستم با کسی ازدواج کنم که قلبم او را بخواهد.

مدرسه ها باز شد و من خوشحال بودم که از یکنواختی هروز بیرون می امدم. از وقتی که زهرا ازدواج کرده بود تنها شده بودم. هفته ای یک یا دو بار می امد اما مثل مهمان. چند ساعتی می ماند و اقا مرتضی می امد و او را

میبرد. نزدیکی مدرسه گاهی رضا را می دیدم. هفته ای یکبار ÷نجشنبه ها می امد و از دور لای درختهای ان طرف ÷یادره رو برایم دستی تکان میداد و می رفت. همین حرکت ساده برایمان یاداور ÷یمانی بود که با هم داشتیم. و تعهد نسبت به همدیگر را به ما یاد اور می شد. عذاب وجدان گاهی ازارم می داد. نمی دانستم باید چکار کنم. زهرا از قرار ما خبر داشت. ولی با این حال احساس گناهکاری را داشتم که دارد دور از چشم خانواده اش با یک نا محرم ارتباط برقرار میکند. اسم خاله ام یا خانواده اش که می امد یکباره دلم می لرزید و دستانم یخ میکرد. اگر به این روند ادامه میدادم همه می فهمیدند و خودم خودم رو لو میدادم. سعی کردم تا انجایی که می شد به رضا فکر نکنم . در دبیرستان رشته زبان انگلیسی رو انتخاب کردم. حافظه ی ادبی ام از قسمت تجزیه و تحلیل شیمی و بازی با اعداد ریاضی بهتر کار میکرد. بعضی از بچه ها یی که از سال قبل میشناختم دیگر هم کلاسم نبودندودر عوض بچه های جدیدی به جمع کلاس اضافه شده بودند. از ان جمله دختری بود جذاب و گیرا با چشمانی سبز و پوستی به سفیدی برف. انقدر پوستش زیبا بود که برق میزد و در سنی که همه بچه ها از داشتن جوشهای چرکین و لکه های دوران بلوغشان می نالیدند او صورتی به صافی ایینه داشت. مو هایش را به طرف بالا شانه میزد. و یک تل موی زیبا که با روبان چهار خانه بنفش تزیین شده بود به موهایش وصل میکرد و مقنعه اش را عقب میکشید. برعکس بیشتر بچه ها که از کلاسور یا کیف های

بندی استفاده میکردند او یک کیف کوله پشتی قرمز و مشکی داشت که با کفش های اسپرتش جور بود. همیشه استین هایش را یک تا به بالا میزد و یک ساعت درشت به دستش می بست. توجه تمام بچه های کلاس را جلب کرده بود. همه دور و برش می پلکیدند و دوست داشتند با او باشند. البته که من هم جزو ان دسته بودم. وقتی از کنارم رد میشد بوی عطرش دیوانه ام میکرد. انگار روی نقطه حساس مغزم انگشت گذاشته بود. قطب دیگر اهن ربای درون قلبم در درون او بود و چنان نیروی جاذبه ای ایجاد میکرد که خواسته یا نا خواسته همیشه در مقابل چشمانم بود. من عاشق عطر و بوی خوشم. اما هیچوقت اجازه نداشتیم ادکلن یا عطر بزنیم. مادرم اعتقاد داشت دختری که ادکلن زده بیرون برود می خواهد دیگران را به دنبال خودش بکشاند و قصدش جلب توجه است!

درس خواندنش هم مثل خودش عالی بود و با نمراتن بالایی که میگرفت قلب معلمان را هم دزدیده بود. دو ماه از باز شدن مدرسه ها میگذشت. اواخر ابان ماه بود که از طرف اداره اموزش و پرورش اعلام کردند که مسابقه نقاشی در سطح دبیرستانی برگزار میشود و کسانی که علاقمند به شرکت در این مسابقه هستند می توانند ثبت نام کنند. افراد برگزیده به مرحله استانی و بعد کشوری معرفی می شوند . من و خیلی از بچه های کلاس کوچکترین علاقه ای نشان ندادیم. چون من یکی که به لطف حاج اقا هیچ بهره ای از هنر نبرده بودم و حتی نمی توانستم قلم را در دستم بگیرم.

دو هفته بعد از اعلام مسابقه نقاشی نمایشگاهی از اثار بچه های شرکت کننده برگزار کرده بودند و هر کس که تمایل داشت می توانست به سالن کتابخانه مدرسه برود و نقاشی ها را ببیند. پنجشنبه ان هفته نوبت بازدید کلاس ما از این اثار بود. باورم نمی شد جمعیت پانصد نفری مدرسه ما اینقدر هنرمند داشته باشد. بعضی از دانش اموزان حتی سه کار اماده کرده بودند. نقاشی ها همه زیبا بودند. هر کدام را که رد میکرددی دیگری را قشنگ تر میدیدی. اما از میان ان کار های عالی یکی بیشتر از همه نظرم را جلب کرد. قایقی شکسته که در کنار ساحلی به گل نشسته بود. استادانه طراحی شدهبود و رنگ امیزی با سلیقه ای داشت. بیشتر بچه های کلاس هم به این کار ابراز علاقه کردند. و با من هم سلیقه بودند. هر کس نظری میداد و در این مورد گفتگو میکردند . روز شنبه که روز اعلام نتایج مسابقه نقاشی بود در کمال ناباوری دیدم که ستاره محبی را صدا زدند و او به بالای سکو فرا خوانئه شد. و متعجب تر زمانی شدم که دیدم تابلوی نقاشی قایق شکسته را او کشیده بود. باورم نمی شد . عجب دختر با استعدادی! خداوند تمام خوبیها را با هم به این دختر داده بود. ان همه مدت که تمام بچه ها در مورد نقاشی اش نظر داده بودندو تعریف کرده بودند او حتی یکبار به این موضوع اشاره نکرده بود. چشمان زیبا و لبخند مهربانش را دوست داشتم. و ارزو کردم کاش او دوست من بود. زنگ مدرسه به صدا در امد و همه دانش اموزان مشغول خارج شدن از مدرسه شدند. ستاره را دیدم که مشغول جمع

اوری وسایلش بود. کادویی را که برنده شده بود بزرگ بود همراه تابلوی نقاشی و کیف کوله پشتی اش که حسابی سنگین بود. با اینکه تا ان زمان صحبت خاصی باهاش نداشتم اما ناخوداگاه به کمکش رفتم. انگار اهن ربا ها داشتند نیروی زیادی وارد میکردند تا به سمت همدیگر جذب شوند! کوله پشتی اش را به پشتش انداختم و کمک کردم کادویی مدرسه را داخل یک پلاستیک مشمایی بزرگی قرار داد. تابلوی نقاشی را هم من تا بیرون مدرسه همراهش بردم. لبخندی را که همیشه دوست داشتم برلبانش نقش بست.

- ممنون مریم جان زحمت افتاددی

- خواهش میکنم. تبریک میگم. حقت بود برنده بشی . ولی جرا نگفتی در مسابقه شرکت کردی؟

- اخه چیز مهمی نبود که بخوام بگم. می خواستم کارم رو ببینید و بدون تعارف نظرتونو بشنوم. نمی خواستم توی رودر بایستی تشویقم کنید

- که اینطور. در هر صورت موفق باشی

- ممنون

منتظر شدم تا تاکسی که پدرم برایم به عنون سرویس برایم گرفته بود برسد. ستاره هم همان طور کنارم ایستاده بود.

- تو هم سرویس داری؟

- نه من همیشه خودم میرم. ولی امروز چون وسیله ام زیاده به مادرم سپردم که بیاد دنبالم. تو چی؟

- سرویس دارم. اما مثل اینکه امروز دیر کرده

بوی عطرش دیوانه ام میکرد. در حال بیهوش شدن بودم. دوست داشتم بیشتر بماند تا من هم بیشتر بمانم. اما متاسفانهمادرش از راه رسید. یک پراید قرمز بود مادرش بسیار شبیه خودش بود. یک شال ابی خوش رنگ به سرش انداخته بود و از لاک روی ناخنش و عینک افتابی و رژروی لبش فهمیدهم که زمین تا اسمان با ما فرق دارند. شب وقتی که به اطاقم رفتم جلوی ایینه استیادم. خودم را تصور کردم در یک تی شرت استین کوتاه صورتی با شلوار جین سفید و کفش های پاشنه بلند. چتری جلوی موهایم را هم کوتاه kرده بودم و لاک خوش رنگی به ناخن هایم مالیده بودم. چشم هایم را بستم و تصوراتم مرا با خود برد. در یک اطاق خواب زیبا هستم . با یک تخت دونفره سفید و رویایی و تزیین شده با رو تختی قرمز پولک دار دست دوز و گران قیمت که ادم را یاد هتل های پنج ستاره می انداخت. انواع اقسام کرم ها و ادکلن ها روی میز توالتم بود. روی صندلی میز توالت نشسته بودم که رضا از در اطاق وارد شد و ارام به کنارم امد. بعد از لبخندی کوتاه صورتم را بوسید. به اینجا که رسیدم ناگهان از جا پریدم. و خودم را به باد سرزنش گرفتم. ان موقع از خودم بدم امد. شب را با این احساس ها به پایان رساندم. زنگ استراحت مدرسه به صدا در امدوستاره را

دیدم که داشت به چشمان زیبایش دستانم را می پایید. که مشغول جمع اوری جزوات و کتابهایم بودم. با اشاره سر و دست حیاط مدرسه را اشاره گرفت.

- نگاه کن مریم . یه لحظه به حیاط نگاه کن

سرم را بلند کردم و به سمت حیاط چرخیدم. چیز خاصی نظرم را جلب نکرد

به بچه ها نگاه کن نه به حیاط

دختر ها را دیدم که مشغول قدم زدن وتغذیه خوردن و بعضی ها هم که اندک بودند کتابی در دست داشتند و مشغول مطالعه.

- خب چی شده ؟

- دقت کردی با اینکه همه مثل همند و دانش اموزند و نزدیک امتحانات ولی هر کدام از اونها دارند یه جور وقتشونو میگذرونن؟ منظورم اینه که هدفشون که مدرسه اومدنه یکیه امتا چطور و با چه انگیزه ایه یکی نیست.

برای بار سوم به سمت حیاط چرخیدم

- اره درسته. هر کدوم یه جوری سرگرمن. از این دخترهایی که هروز میان مدرسه و برمیگردن به جرات میگم یک سومشان علاقه دارند که وارد دانشگاه بشن و از ان یک سوم هم فقط یک سومشون واقعابه تحصیل و علم

علاقمندند و دوست دارن رشته دانشگاهی شون رو با علاقه شخصی انتخاب کنند. بیشتر این بچه ها که می بینی برای اینکه وقت بگذرونن و گرفتن مدرک دیپلم هدف اخرشونه. و شده مثل واکسن یک سالگی که باید حتما زده بشه و بعدش تموم.

- اره متاسفانه همین طوریه که تو میگی. نود درصد از دانش اموزان دختر بی هدف وارد دانشگاه میشن. تو چی ؟ به اینده ات فکر کردی؟ برنامه ای برای اینده ات داری؟ یا تو هم دنبال اون مدرک دیپلم هستی مثل واکسن یکسالگی؟

این را که گفت لبخند زیبای همیشگی بر لبانش جاری شد

- اره . منم دقیقا برای زدن اون واکسن یک سالگیه اینجام. برای اینده ام هیچ برنامه ای ندارم/

صحبت که به اینجا رسید زنگ کلاس خورده شد و بچه ها یکی یکی وارد کلاس شدند. و گفتگوی ماهم قیچی شد. از صحبت با او لذت میبردم. انسان اگاه و باهوشی بود. با اینکه هم سن و سال بودیم از همه ماها بیشتر می فهمید. زنگ اخر که زده شد ستاره را دیدم که خودش داشت به خانه میرفت. منم بعد از اینکه کلی منتظر راننده ی سرویس بد اخلاق و عصبی خودم شدم سوار شددم و به سمت خانه حرکت کردم. شب یکبار دیگر در رختخوابم ارزو کردم. این بار ارزو کردم که کاش یک روز برسد که منم مثل ستاره لباس بپوشم و تنهایی و بدون دغدغه مسیر مدرسه تا خانه را طی

کنم. مغازه ها را دید بزنم و از سوپرمارکت ادامس بخرم. در تصوراتم دیدم که چقدر ارام و سبکبال قدم میزدم و به دور از هر دغدغه ای لی لی کنان به سمت خانه قدم بر میداشتم.

صدای غرش ماشین محمود مرا به اورد. دستهایم را زیر سرم گذاشته بودم و روی تخت ولو شده بودم از شدت یکجا ماندن خواب رفته بودندو مور مور میکردند. بلند شدم و تکانی به خودم دادم. جلوی ایینه خودم را برانداز کردم . چقدر شلخته و نامرتب بودم. سریع دستی به سرم کشیدم و به پیشواز پدر و دختر رفتم.

- سلام. خوش گذشت؟ دیر اومدین

- سلام مامان . اره خوب بود. حسابی بازی کردم ولی کاش تو هم می اومدی مامان. بابا کمی بی حوصله بود.

- سلام عاطفه خانم. تو که از خدات بود ما دیر برگردیم. موکلات مهم ترن دیگه نه ؟

این چه حرفیه؟ تو که می دونی من چقدر دوست دارم همیشه با شما باشم. ولی اینم کاره دیگه. انجام وظیفه است. ممنون میشم مثل همیشه درک کنی

- خوب به کجا رسیدی؟ تمومش کردی ؟

- باورت میشه هنوز به نصف هم نرسیدم؟ خیلی قشنگ و ساده و عامیانه زندگیشو توصیف کرده. میشه تصورش کرد. انگار که داری الان اونجا باهاشون زندگی میکنی. البته تا حالا هیچی در مورد اون مسیله و جریاناتش ننوشته و همه چیز نرمال داره پیش میره.

- جدی؟ پس باید خیلی جالب باشه. بیا بساط شام رو بیار که حسابی گرسنه ایم. مثل اینکه خبر نداری ساعت چنده؟

نگاهی به ساعت اطاق انداختم. ساعت یک ربع به یازده شب بود. گذر زمان را فراموش کرده بودم و اگر امداد غیبی محمود نبود که غذای حاضری بگیرد همون ماکارانی ساده رو هم نداشتیم.

- اوه معذرت. الان سفره رو میندازم. حالا چی گرفتی؟

- کباب مخصوص. از نوع کوبیده. همراه نان سنگک و گوجه و دوغ. پیاز و فلفلشم با تو

- عالیه. دستت درد نکنه

تازه یادم افتاد که چقدر گرسنه هستم و همه چیز را حتی گرسنگی را از یاد برده بودم.

- رها جان مادر برو دستاتو بشور وبیا

دور سفره نشستیم و یک غذای عالی خوردیم. رها انقدر خسته بود که همان جا پای سفره خوابش برد. محمود می خواست او را به رختخوابش ببرد که

من مانعش شدم چون دوست داشتم خودم این کار را بکنم. بغلش کردم و به رختخوابش بردم. رها زودتر از ان چه که فکر میکردم بزرگ شده بود. چقدر از همه چیز عقب مانده ایم. زمان مثل برق می گذرد. و ما روز به روز به سمت پیری و مرگ می رویم و خود غافلیم. او را بوسیدمش و نوازش کردم. دلم برا ی کنار

او بودن تنگ شده است. تصمیم گرفتم وقتی که این پرونده اخر تمام شد حداقل یک هفته به دور از کار و شغلم در کنار خانواده ام باشم. محمود برای او پدر خوبی است ولی هر کس جای خود را دارد و من نباید از زیر بار وظایف مادرانه ام شانه خالی کنم. محمود سفره را جمع کرده بود . به اشپزخانه رفتم و وسایل روی میز را مرتب کردم و سریع مشغول شستن ظرفها شدم. محمود دستشویی بود وقتی که به اشپزخانه امد و دید دارم ظرف ها رو می شورم چشمکی زد و به طعنه گفت:

- خانم جان زحمت نکش وظیفه من بود خودم میشستم.

من هم شوخی را با شوخی جواب دادم

- چه زحمتی؟ البته وظیفه ماشین ظرفشویی بود که من جورشو کشیدم. اشکال نداره

سرش را نزدیک اورد و یک گاز کوچک از بازویم گرفت. غلغلکم امد و خندیدم و کلی اب به سرو صورتش پاشیدم. من و محمود گاهی به دوران

خوش کودکی برمیگردیم و کلی ادا در میاریم و سر به سر هم میگذاریم. البته گاهی اوقات هم بر اپر بعضی اتفاقات بحث هم داریم . و دعوا هم داشتیم. مگر می شود زندگی را پیدا کرد که قهر و دعوا یی نباشد. اما در کل خدا را همیشه به خاطر نعماتی که به من داده از جمله همسر و فرزند به این خوبی شکر کردم و این ارامش را برای همه خانواده ها ارزو میکنم. محمود کتری اب جوش را روی اجاق گذاشت و پشت میز اشپزخانه نشست و خمیازه بلندی کشید. با شنیدن صدای خمیازه محمود برگشتم و نگاهی به صورتش انداختم.

- ببخش محمود جان . حسابی زحمت بچه و خرید کردن واین کارو بارها افتاده پای تو. درست و حسابی به خودت نرسیدی. شرمنده

- نه بابا این حرفها چیه؟ این زندگی منم هست. بچه ی منم هست/. مسوولیت کاروبچه و زندگی و همه چیز که نباید با تو باشه. مردی که روز اول قبول میکنه زنش درس بخونه و کار کنه باید مثل یه مرد هم پای حرفش بمونه و کمک حال زنش باشه. والا خوب من می رفتم زن خاندار میگرفتم تا هروز دلمه و کوفته درست کنه و اصلا نفهمه در اجتماع چه خبره. من نه تنها ناراحت نیستم بلکه به وجودت افتخار میکنم. از اینکه می بینم در کنار همکاران مردت کار میکنی و پا به پای اونها موفقی. البته حساب زن و شوهری ما جداست. با چشمک شیطنت امیزی حرفش را تمام کرد. دستهایم را شستم و برای هر دویمان چایی ریختم. ان شب قید

خواندن باقی داستان مریم را زدم و تا صبح در اغوش محمود به خواب رفتم. صبح روز بعد دادگاه نرفتم . برای ساعت یک بعدازظهر در دفتر روزنامه قرار کاری داشتم. اینطور بور که عجله ای نداشتم و در کمال ارامش کارهایم را انجام دادم. بعد از بیدار شدن راس ساعت شش و نیم اول از همه باید به فکر ناهار می بودم. با گوشت چرخکرده ای که از شب قبل داشتم ماکارانی را اماده کردم. و بساط صبحانه هم که رو براه بود. محمود و رها هم بعد از خوردن صبحانه به بیرون رفتند. یک دوش لذت بخش گرفتم. اطاق رها را مرتب کردم و به اطاق خودم رفتم. چشمم به دست نوشته های مریم افتاد. فرصت را غنیمت شمردم و شروع کردم به خواندن. بالاخره باید تکلیف معلوم می شد و من میفهمیدم جریان چی بوده. یا وکالتش را قبول میکردم و یا باید هر چه زودتر خبر میدادم تا فکری بکنند.

مرتضی دیگر برای خودش کسی شده بود. با اعتبار پدرم جنس خرید و فروش میکرد و دیگر مقبولیتی برای خودش بهم زده بود. حاج عباس هم خوشحال تر از همیشه بو که اگر پسری ندارد حداقل دامادش دلخواه خودش است و دست پرورده خودش. امتحانات اخر فصل شروع شد و من مشغول تمرینات دوره ای بودم. ستاره را گاهگاهی می دیدم و با هم گپ کوتاهی میزدیم. فاصله ی زیادی بین زندگی هایمان حس میکردم. و البته این فاصله به حق بود. ما از لحاظ خانوادگی هیچ شباهتی به هم نداشتیم. و البته که خوب میدانستم او هیچ وقت دوست نداشت جای من بود اما من

برعکس ارزوی من بودن مثل او بود. کارنامه ها را که دادند نفر اول کلاس معصومه بیگی نفر دوم ستاره محبی و من نفر سوم کلاس بودم. جایزه ماهم که البته یک تشویق و کف زدن ساده بود. ! ساعت دوم را کلاس نداشتیم و دبیر ادبیات نیامده بود. وقتی که خورشید به سمت غرب حیاط کم کم غروب میکرد شیشه پنجره کلاس شبیه ایینه می شد و به راحتی می شد تصویر خودت را در ان مثل ایینه ببینی. نزدیک شیشه شدم و خودم را دران برانداز کردم. کمی مقنعه ام را عقب کشیدم و بغل های ان را به سمت شانه ام بالا بردم. ابروهایم را با دست شانه زدم. همین طور که داشتم خودم را درون شیشه می دیدم متوجه امدن ستاره نشدم که چه موقع امده بود و داشت با ان لبخند زیبای همیشگی نگاهم میکردوبا دستپاچگی برگشتم.

- مریم تو صورت خیلی قشنگی داری

این حرف او که دیگر بیچاره ام کرد. زبانم بند امد و سریع مقنعه ام را جلو کشیدم.

- کی اومدی ؟ ندیدمت.

- همین الان. با تو بودم. گفتم صورت قشنگی داری. تو شبیه مدلهایی. یه مینیاتور. قد و گردن کشیده و موهای بلند و چشمهای براق...

همین طور که داشت این تعاریف را میکرد و صورتم را توصیف میکرد متوجه تغییر رنگ صورتم می شدم. نمی دانستم باید چه بگویم. تا حالا اینطور تعریفی از خودم نشنیده بودم.

- ممنون

- قدر این صورت و اندام زیبا رو بدون

این را که گفت رفت. شب باز در رختخوابم دیوانه شدم. تمام وقت به او حرفهایش فکر میکردم. چقدر حس خوبی بود زیبا بودن و بهتر اینکه انرا از زبان دختری مثل ستاره بشنوی که خودش تندیس زیبایی بود. زهرا باردار شده بود. از یک طرف خوشحال بودم و از یک طرف ناراحت. خوشحال بودم که خواهرم با وجود این بچه شاد می شد و ماهم از این یکنواختی و تنهایی بیرون می امدیم ولی از طرفی ناراحت چون بچه کسی است که خواهرم دوستش نداشت . انقدر خودش را به خواهرم چسباند تا حامله شد و دیگر میخش را حسابی در دیوار زندگی حاج اقا محکم کوبیده بود. برای ناراحت نکردن زهرا دیگر اسمی از مرتضی نمی اوردم چون خودم خبر از دل پردردش داشتم. و نمی خواستم هی تازه ترش کنم. حاملگی اش همراه بود با دلدرد و تهوع شدید و خونریزی. دکتر استراحت مطلق داده بود و ما به عنوان پرستار در خدمتش بودیم. یا در خانه ما بود یا مادرم انجا بود. کارهایش را انجام می داد و غذا می پخت و مراقبش بود تا مرتضی به خانه برگردد. مرتضی هم که از حق نگذریم خیلی هوای زهرا را داشت و دور

وبرش را می گرفت. به یاد دارم که دکتر گفته بود باید از توالت فرنگی استفاده کند و مادرم مخالف سرسخت که توالت فرنگی نجس است وطهارت ندارد. که اینبار من سرسختانه از پیشنهاد دکتر حمایت کردم و برای اولین بار موفق شده بودم حرفم را به کرسی بنشانم و برنده شوم. و پیروزمندانه توالت فرنگی را برداشتم و داخل دستشویی گذاشتم. یکی از روزهایی که مادرم به دیدن زهرا رفته بود و من تنها بودم زنگ در به صدا در امد. رضا ورعنا بودند.

- سلام . سلام مریم

- سلام رعنا جون. خوبی؟ . سلام . بفرمایید

چادرم را سریع سرم کردم و دو قدمی را به استقبال رضا و رعنا رفتم.

- چه خبر؟ کم پیدایین. سری به ما نمی زنین؟

همین طوری که داشتم رعنا را می بوسیدم نگاهم با نگاه رضا گره خورد. سریع دزدیدمش و سریع تر از انها به داخل سالن پذیرایی دویدم. انها هم بدون هیچ تعارفی به دنبال من راه افتادند.

- یا از شما غافلیم یا شما از ما؟ خدا نکنه یه وقت بیاین خونه ما یه سری بزنین!

- من که خیلی دوست دارم. ولی می دونی که زهرا بارداره و خیلی مریض. حالش خوب نیست. یا اینجاست یا مادرم میره اونجا .

۷۶

با دست به رضا اشاره کردم که بنشیند.

- بشینین تا چایی بیارم.

- دستت درد نکنه

رعنا ولی هنوز استاده بود و تا اشپزخانه تعقیبم کرد.

- اره شنیدم. حاجی به بابا گفته بود. الان مامانم رفته خونه زهرا یه سری بهش بزنه. ما هم اومدیم پیش نپتو. از درسهات چه خبر؟ کارنامه گرفتی؟

- اره شاگرد سوم شدم. بد نبود

همان طور که داشتم چایی می ریختم و برگشتیم داخل اطاق رعنا هنوز هم داشت حرف میزد. و پا به پای من راه میزفت. بیشتر حرفهایش زا نمی فهمیدم. فکرم پیش رضا بود که گاهی به من و گاهی به رعنا و بیشتر اوقات به گلهای قالی نگاه میکرد. و ساکت و مرموز روی مبل نشسته بود. مثل همیشه نبود. یک ساعتی که گذشت رعنا از من جزوه های عربی را می خواست . به اطاقم رفتم را جزوه هارا برایش پیدا کنم. جزوه به دست که چرخیدم از اطاق خارج بشم مجسمه شدم. رضا به اطاقم امده بود. چادرم از سرم لیز خورد و داشت می افتاد که به سختی مهارش کردم. و لبم را گاز گرفتم. قلبم تند وتند میزد. ولی او هم چنان سکوت کرده بود. نگاهش روی صورتم زوم شده بود. من هم بی اختیار نگاهش میکردم. رضا یک قدم نزدیک تر شد. دیگر صدای قلبم شنیده می شد. چادرم را با تمام نیرویی که

در انگشتانم بود محکم نگه داشته بودم. گویی ان چادر تنها مانع دفاعی من بود که باید حفظش میکردم. صدای سیفون دستشویی را شنیدم . رعنا نبود. در دلم رعنا را شماتت میکردم. :ای رعنای خاک بر سر. بیا بیرون دیگه. الان چه وقت دستشویی رفتن بود. ؟ رضا قدم دیگری جلو امد. الان دیگر فاصله ما با هم دووجب بیشتر نبود. احساس میکردم رضا هم دیگر صدای قلبم را می شنود! چشمان رضا قرمز شده بودو لبهایش می لرزید. او می خواست چکار کند؟ از داخل جیب شلوارش کاغذ تا شده ای را در اورد و به سمت من گرفت.

- بیا این مال تواه. تا رعنا نیومده بگیرش

با کمی تردید و با دستی لرزان کاغذ را گرفتم و دوباره به دیوار محافظتی نخی و شلی را که دور خودم پیچیده بودم دلخوش کردم و محکم انرا گرفتم. حس میکردم این دیوار گل داذ نازک سپر خوبی است و مرا حفظ میکند. اگر رضا می خواست به من دست بزند این چادر چه می توانست بکند؟ این سوالی است که بعدها از خودم پرسیدم. چشمهای رضا بسته و باز شدندونفس عمیقی کشید.

- چه بوی خوبی می دی. بوی عطر نیست . بوی بدن خودته. تو چه بدن خوش بویی داری

با من بود؟ بوی بدن من؟ منی که هیچوقت بوی عطر به بدنم نرسیده بود بوی خوب میدادم؟ چه می توانستم بگویم؟

- اجازه میدی یکم بوت کنم؟

یکبار دیگر چشمهایش را بست و از ته دل نفس بلندی کشید. چشمان قرمزش مرا می ترساند.

- لطفا برو بیرون. تو نباید اینجا باشی

- چرا؟/! ما که سالها توی این اطاق با هم بازی کردیم. بیا دوباره با هم بازی کنیم

یکبار دیگر صدای سیفون توالت بلند شد. رعنای لعنتی بیا بیرون دیگه. رضا سرش را نزدیک تر اوردو در یک چشم به هم زدن دستانش را به دورم حلقه کرد. و دماغش را به گردنم چسباند. داشت گردنم را می بویید. با اینکه لباس کامل به تن داشتم اما گرمای بدنش را حس میکردم. با هر تقلایی که بود خودم را از بدنش جدا کردم و عقب رفتم. و چادرم را دوباره سرم کردم. صورتم داغ کرده بود و احساس می کردم الان قلبم از جایش کنده می شود. نفسهایم تند تند می کوبیدو استخوانهای قفسه سینه ام در حال شکستن بود.

- از اطاقم گم شو بیرون . نمی خوام ببینمت

- چرا مگه چیکار کردم؟ هی مریم خودتو ناراحت نکن چیزی نشده که؟

- چیزی نشده؟ به همین راحتی؟ به خودت اجازه دادی منوبغت کنی و به من دست بزنی حالامیگی چی شده؟ دیگه حق نداری خونه ما بیای. فهمیدی؟

- خیلی خوب. ببخشید. دست خودم نبود

دستهایش را به نشانه تسلیم بالا برد و حرفش را نیمه نصفه گذاشت و سریع از اطاق خارج شد. دو دقیقه ای طول کشید تا رعنا از دستشویی امد. کمی خودم را جمع و جور کردم اما متوجه استرس چشمان من ورضا شد ولی چیزی نپرسید و هردو رفتند.

سلام مریم جان.

خوبی؟ این دومین نامه خنده داری است که برایت می نویسم. پنج شنبه ها حالم خیلی خوب است چون تورا می بینم. به دیدنمت عادت کردم. مثل ستاره بین همه هم کلاسی هایت می درخشی. بهت افتخار می کنم. تو برام خیلی با ارزشی. هیچ کس را تا این لحظه به اندازه تو دوست نداشتم. از خدا می خوام هر چه زودتر زمان بگذره و ما به هم برسیم. موظب خودت باش و منتظر من.

نامه اش را چندین بار خواندم. کلماتش همراه با سادگی صداقت داشت. از دستش به شدت عصبانی بودم. دایم در ذهنم پرخاش می کردم که او اجازه این کار را نداشت. اما وقتی که با خودم صادقانه فکر کردم اغوشش را دوست

داشتم. وقتی که مرا در اغوش خود گرفت بدنش گرم و لذت بخش بود. و لبانش مهربان. . .

- اوه خدایا ببخش. دارم مزخرف میگم. لعنت بر شیطان. . .

نامه اش را سوزاندم و داخل توالت انداختم. با صدای تلفن از افکار پریشان و مسخره ام بیرون امدم. ساعت هفت و نیم غروب را نشان میداد. هوا تاریک و سرد بود و سوز عجیبی در این هوای سرد زمستانی ناله می کرد.

- بله؟

- مریم . خوبی؟

- بله . سلام بابا. کی برمیگردین؟

- می خواستیم بیایم زهرا حالش بد شد بردیمش درمانگاه. الان زیر سرمه. سرمش تموم شد همگی میایم خونه. نگران نباش

- باشه. منتظرم. خداحافظ

- خداحافظ

درب ورودی راهرو و در سالن اصلی را از داخل قفل کردم. تلویزیون را روشن کردم. باید برای شام غذایی اماده میکردم. مقداری مرغ از داخل فریزر در اوردم و برنج را هم خیس کردم. یک زرشک پلوی درست و حسابی برای شام پختم و با اب مرغ باقی مانده برای زهرا سوپ پختم. زهرا خیلی لاغر و

رنگ پریده شده بود. نگرانش بودم. زنان باردار زیادی را در فامیل دیده بودم که حالت تهوع و ناراحتی داشتند اما هیچ کدام مثل زهرا نبودند. خدا کمکش کند این خواهر مهربانم راو دعای ورد زبانم بود ان روزها. برف زیبای زمستانی همه جا را سفید کرده بود. چقدر زیبا . چقدر ناز...

پس ذلیل ان سوز عجیب برف بود. اولین برف زمستانی امسال بود. خدا را شکر . با تمام اتفاقات بد وخوب که هروز برای انسانها می افتد جهان هستی و طبیعت کار خودش را می کند و بدون اینکه کوچکترین تغییری اتفاق بیفتد شب صبح می شودو پاییز زمستان و بهار و بعد هم به همین نوبت روزها و شبها و فصل ها از پی هم می اییند و می روند و به ما این درس را می دهند که زندگی جاریست . تو هم جاری باش و حرکت کن. دیروز ذیروز است و امروز امروز. امروز را فدای دیروزی که رفت و قربانی فردایی که نیامده نکن. هم اتش شومینه هم قدرت بخاری را زیاد کردم. یک جای دنج بغل شومینه باز کردم و لحاف و بالش همیشگی زهرا را برایش پهن کردم. تا وقتی که امد حسابی استراحت کند و گرمش شود. زیر لحاف زهرا دراز کشیدم . روسری را از سرم باز کردم و دامن را هم از تنم در اوردم. احساس سبکی و ازادی کردم. احساس کردم چند کیلویی بار اضافی که روی دوشم بوده را زمین گذاشتم. دراز کشیدم و خاطره دلهره اور امروز را یکبار دیگر به خاطر اوردم. اولین تجربه لمس تن مردی بود در تمام زندگیم. اولین حس نزدیک به دستان یک مرد بود و اخرینش. . . . . برایم هم عذاب اور بود و هم

شیرین. خودم را زیر پتو مچاله کردم و به خواب رفتم. با صدای کوبیدن در از خواب بیدار شدم. دامنم را پوشیدم و روسری را به سرم انداختم. درها را یکی یکی باز کردم. معلوم نبود چند دقیقه است دارن به در می کوبند.

- سلام ببخشید خوابم برده بود

سلام حدس زدم خوابیدی. بزار بیا یم تو . بیرون خیلی سرده

دستهای زهرا را گرفتم. کمکش کردم کفش هایش را از پایش در بیاورد. صورتش قرمز شده بود. شاید در اثر سرما بود. ولی دستهایش زرد زرد بود.

- زهرا جان خوبی ؟ چت شده؟ چرا اینطوری شدی؟

- هیچی بابا شانس منه. همه بچه میارن شاد میشن دل من بدتر پر غصه شده. اصلا نمی تونم درست نفس بکشم.

- عیب نداره . بیا بریم برات رختخواب پهن کردم

زهرا را به سمت رختخواب گرم و نرمش بردم و ارام نشاندم. چادر و مانتو اش را در اوردم و مقنعه اش را از سرش بیرون کشیدم.

-      دستت درد نکنه مریم یه روسری برام بیار

-      چرا ؟ الانم دست بر نمی داری ؟ نا محرمی که نیست؟

-      باشه اینطوری راحت ترم.

- زهرا مظهر نجابت و صبر است با همه دنیا فرق داشت. روسری که می خواست را برایش اوردم. چادرم را سرم کردمو بعد از امدن حاجی ومرتضی به اشپزخانه رفتم. مادرم از اینکه شام پخته بودم خوشحال شد. گفت که حاجی می خواسته شام حاضری بگیرد ولی من مطمین بودم تو چیزی اماده می کنی. سفره که پهن شد از غذایی که پخته بودم و سفره ای که چیده بودم تعجب کردم. معمولا دختر اشپزخانه نبودم. جارو برقی و گردگیری رو کمک میکردم اما اشپزی هیچوقت . فکر کنم احساس مسوولیت در قبال زهرا این استعداد را شکوفا کرد. زهرا هم از خوردن سوپ حسابی لذت برد. حاج عباس هم همین طوری که غذا می خورد گاهی زیر چشمی به من نگاهی می انداخت معلوم بود غذا را دوست داشت. اما مرتضی خیلی ناراحت بود. تند تند زیر لب اه می کشید یک کفگیر بیشتر برنج نکشید. نگران همسرش بود یا بچه اش نمی دانم. اما هر چه بود این نارا حتی را که برای خانوادش داشت دوست می داشتم. زهرا بعد از خوردن شام خوابیدو منم مشغول شستن ظرفها شدم. سه نفر باقی مانده هم مشغول خواندن نماز شدند. نمازشان از همیشه طولانی تر بود و مادر سر نماز گریه کرد و صلوات می فرستاد. حاج عباس هم طبق عادت همیشه با دو تسبیح معروفش ور می رفت و زیر لب کلمات عربی را ادا میکرد. شابد فکر میکرد اینطوری ثوابش دوبار می شد! با سینی چایی وارد شدم و جلوی پای حاج خانم کز کردم.

- مامان حالا دکتر چی میگه؟ دلیل این مریضی چیه؟

- مادر با اهی از ته قلب گفت:

- نمی دونم مادر. خودشونم خوب سر در نمیارن. بچه از یک طرف ضربان قلب داره از یک طرف دل درد های عجیبو خونریزی های شدید که به سلامت بچه شک دارند. فردا باید ببریم سونوگرافی بعد ببریم پیش دکتر ببینیم چی میگه. خاله ات امروز اومده بود خونه زهرا. براش پیش یه دکتر خوب وقت گرفته.

- یاد خاله افتادم ویاد بچه هایش و یاد رضا. صورتم داغ شدو دستم شروع کرد به لرزش. دیگر نمی شنیدم مادر چه می گوید. برای اینکه ابروریزی نکنم به اطاقم رفتم و خودم را لای پتو پنهان کردم.

در اندیشه های دور و درازی غوطه ور بودم. از رضا گرفته تا زهرا و بچه اش. از بچه تا ستاره. همه کسانی که برایم عزیز بودند. با شنا کردن در این تخیلات و بازی با تصویر اینده ای که خودم داشتم می ساختمش خوابم برد. روز بعد از این ماجرا دوساعت اخر کلاس را تعطیل اعلام کردند. جلسه معلمان بود و بچه ها با خوشحالی مدرسه را ترک کردند و شوق برف بازی داخل کوچه و شادی وخنده این روز برفی لذت این تعطیلی را بیشتر کرده بود. اما من باید چکار میکردم؟ راننئه سرویس از این تعطیلی ناگهانی خبر نداشت و من باید تا ساعت پنج منتظر می ماندم. اجازه ماندن در مدرسه را نداشتم. کنار پیاده رو ایستادم و چاره ای جز انتظار نداشتم. مثل مترسک

انتظار برا ی کار بیهوده ای که خودم هم می توانستم انجامش بدم. ستاره به نزدیکم امد و گفت:

- چرا نمی ری خونه؟ چیزی شده؟

- نه چیزی نشده. باید صبر کنم سرویسم بیاد.

- اها. ولی نمی شه یک ونیم ساعت اینجا توی سرما وایسی . اذیت نمی شی؟

نه عیبی نداره. چاره ای هم ندارم

همه ی بچه ها رفته بودند و ستاره هم بعد از خداحافظی با من به سمت دیگر خیابان رفت و از دور شاهد رفتنش به سوپرمارکت بودم. اخم هایم را در هم کشیده بودم و در دل داشتم به خودم فحش می دادم و از این انتظار مسخره لعنت می فرستادم.

- سلام خانم خوشگله. منتظر کسی هستی؟ میشه اون یه نفر من باشم؟

از جا پریدم . مثل همیشه که در این مواقع لکنت زبان می گرفتم لال شده بودم و همین طور هاج و واج نگاهش می کردم.

- ترسوندمت؟ معذرت می خوام خوشگل خانوم . بیا بریم . قول میدم بد نگذره

۸۶

حرفش که به اینجا رسید دیگر هیچ صدایی از ان پسر مزاحم نشنیدم. در یک چشم به هم زدن مثل برق و باد زیر مشت و لگد قرار گرفت و بعد از کلی فحاشی و داد و بیداد پسر سریع از انجا با لبا سهای گل الود و خیس فرار کرد ورفت. چه خبر بود؟ چه اتفاقی افتاد؟ هنوز گیج بودم. وحشت وترس و شوک تمام حس هایی بود که ان لحظه داشتم. صدایی اشنا مرا به خود اورد. در پشت اشک چشمانم که نمی دانم کی فوواره شده بود رضا را شناختم.

- خوبی؟ اشغال عوضی. حیف فرار کرد

- رضا توای ؟ اینجا چکار میکنی؟

- خوبه والا. امروز پنجشنبه است ها

کمی خودش را مرتب کرد و دستی به موهایش کشید. گلوله های ریزبرف مثل دانه های مروارید روی سرو صورتش پاشیده بود.

- اذیت که نشدی؟

- خوبم. چقدر خوبه اینجایی

این را که گفتم بازم اشکم سرازیر شد. رضا هم به من زل زده بود و لبخند مغرورانه ای زد.

- خوشحالم بعد از این همه مدت یک کلمه محبت امیز ازت شنیدم. با همین جمله دلگرمم کردی .

سرم را پایین انداختم و اشکهایم را پاک کردم.

- دیروز که خیری از دستم کفری بودی . گفتم دیگه حتی نگامم نمی کنی . چه خوب شد ارتیست بازی در اوردم و مثل زورو برای نجاتت اومدم. حداقل اینطوری با هم اشتی کردی.

این جملات را که گفت خنده ام گرفت . بعد از ان همه گریه خندیدم. رضا هم چاشنی خداحافظی اش لبخند زیبایی بود و رفت. البته خواسته من بود رفتنش. می ترسیدم کسی او را کنار من ببیند و برای هردویمان بد شود. هنوز چند ثانیه ای از رفتن رضا نگذشته بود که صدای اشنای دیگری در گوشم پیچید.

- مریم چی شده؟ حالت خوبه؟

اینبار صورت زیبای ستاره را دیدم. نگران بودم و با دست پاچگی به من نزدیک شد.

- توایی؟ هنوز اینجایی؟

- نه داشتم خرید می کردم چشمم به تو افتاد و بعد هم دعوای دوتا پسر با هم دیگه. اسیب که ندیدی؟

- نه من چیزیم نشد فقط ترسیدم

دستش را دور گردنم انداخت و با مهربانی و تاسف امیز نگاهم کرد

- نه نترس یه مزاحم خیابانی بود. از این موارد پیش میاد. بیا بریم یه جایی بشینیم . یک ساعتی مونده تا ساعت پنج . من عجله ای ندارم

بدون هیچ مخالفتی به دنبالش راه افتادم. صدای برفها را که زیر پایمان له می شد دوست داشتم. از اولین کوچه که پیچیدیم پارک کوچکی قرار داشت. تا ان لحظه ان پارک را ندیده بودم. فضای ارامش بخش و زیبایی داشت. و از هیاهو و شلوغی خبری نبود.

- بیا روی اون نیمکت بشینیم

با دستمالی که داشت نیمکت را پاک کرد. هنوز اثار خیسی برف را داشت اما قابل تحمل بود.

- چه جای قشنگی . همیشه میای اینجا؟

- گاهی اوقات . مثل امروز

لبخندی لبانش را که مثل غنچه گل بود باز کرد. از داخل مشمبای پلاستیکی که در دست داشت ابمیوه ای بیرون اورد و به من تعارف کرد. اول نمی خواستم بگیرم ولی بعد از اصرار قبول کردم.

- حالا این زوروی خوش تیپ کی بود که اومد نجاتت داد؟

با شنیدن این سوال دستپاچه شدم. رنگم پرید و لکنت زبان گرفتم.

- هیچ کس . نمی دونم. داشت رد می شد کمک کرد

- با من راحت باش. من می دونم شما همدیگرو می شناسین . چند بار اطراف مدرسه دیدمش. فقط می خواستم از خودت بپرسم

از حرفش جا خوردم. او رضا را دیده بود و متوجه رابطه ما شده بود. وای خدا ی من باید چکار می کردم؟ اشک دوباره چشمانم را خیس کرد و سرم را پایین انداختم.

- هی دختر این چه کاریه؟ چرا ناراحت می شی؟ مگه ادم کشتی؟ به خدا من قصد ناراحت کردنت رو نداشتم فقط کنجکاو شدم. نباید می پرسیدم. ببخش

صحبتش که به اینجا رسید وقتی ناراحتی را در صدایش دیدم. چشمانم را پاک کردم و سعی کردم دلش را به دست بیاورم. نمی خواستم ناراحتش کنم

- نه ناراحت نشدم فقط خجالت کشیدم. ستاره لطفا فکر بد نکن.

- می دونم. این حرفو نزن. اصلا فراموشش کن. شاید من اشتباه کردم

- پسر خاله منه. غریبه نیست. فعلا به خاطر سن و سال وسربازی و این حرفها نمیشه جدی بشه.

- اها که اینطور

اینطور بود که سر حرف باز شد و در ان یک ساعتی که در پارک بودیم کلی حرف زدیم و دردل کردیم. اصلا نه سرما و نه گذر زمان رو حس نکردم. کل

ماجرا را برایش تعریف کردم. از هم صحبتی با او سیر نمی شدم. ازش خواستم هر وقت دوست داشت به خانه ما بیاید تا بیشتر همدیگر را ببنیم. ساعت پنج که شد به طرف مدرسه حرکت کردیم. رضا هنوز ان دور وبر بود. و مارا از لای درختها می پایید. از ستاره کلی تشکر کردم بایت اینکه برایم وقت گذاشته بود و در این سرما کنارم ایستاده بود. سوار سرویس که شدم رضا و ستاره هردو به سمت مقصدهایشان حرکت کردند. به خانه که رسیدم کسی نبود . با یاداوری روز قبل به یادم امد که به دکتر رفتند. مادر برای ناهار عدس پلو درست کرده بود و چون زیاد بود برای شام هم باقی مانده بود. به همین خاطر خیلی کار نداشتم. به حمام رفتم و یک دوش گرفتم. عجب روزی بود ان روز. به عشق حقیقی رضا در مورد خودم پی بردم. همین طور که زیر دوش اب گرم بودم صورت و قیافه ی رضا را در ذهنم مجسم کردم. قدی بلند وکشیده و چهار شنبه. صورت استخوانی با موهای حالت دار و چشم های میشی . برای مرد صورتش زیبا بود. و همین طور جذاب. ارزوی شاید خیلی از دختذ ها بود. خداوند به او ایمان و اخلاق هم داده بود و روی هم رفته چیزی کم نداشت. چشمانم را بستم و خاطره روز قبل را مرور کردم. که صورتش را به گردنم چسبانده بود و بو می کشید و دستانش دور گردنم حلقه شده بود . فکر کردم . تصور کردم وحسش کردم. ایا ان اندازه که رضا مرا دوست داشت منم او را دوست داشتم؟ بله دوستش داشتم. اما چقدر؟ به اندازه هم بازی دوران کودکی ام یا رابطه خانوادگی؟ یا عشق؟

نمی دانم. . . . حاج عباس و مرتضی با هم برگشتندو حاج خانم و زهرا با هم . سریع برای همگی چایی بردم تا گرم شوند. زهرا داخل رختخوابش دراز کشید . از حاج خانم احوال زهرا را جویا شدم. گفت:

- دکتر گفت جفت بچه خیلی پایینه. همراه فشار خون خیلی پایین که باعث شده گردش خون درست کار نکنه. باید تا اخر شش ماهگی استراحت مطلق داشته باشه تا کم کم بالا بره.

برایش کاسه ای سوپ بردم و خیار پوست گرفتم و به دستش دادم.

- چه خبره مریم . می خوای منو بکشی ؟

- بخور تا فشارت بالا بره. نمک برات خوبه. تو تغذیه تو بده دست من یه بچه تپل میدم تحویلت کیف کنی.

زهرا خندید و حاج عباس هم با لبخند زهرا لبخندی بر لبانش نشست. اقا مرتضی هم بعد از خوردن چایی و غذا به خا نهاشان رفت. مادرم برا یسلامتی زهرا و بچه اش سفره ابوالفضل نذر کرد. اولین سفره را جمعه همان هفته قرار بود بیندازد و سفره بعدی را بعد از دنیا امدن بچه. هربار که حاج خانم نذری داشت من احساس بدبختی میکردم. کلی باید کار انجام می دادیم و از چند روز قبل تا چند روز بعد وضعیت اماده باش بود. (اخر حاج خانم با ایمان و مومن ما از خداوند شفای دخترت و نوه ات را بخواه و سر سجاده نمازت توسل کن نه اینکه با خرج های زیاد و دعوت از خانمهای

ثروتمند و اقوام و در وهمسایه بخواهی گره گشایی کنی و شفای زهرا را از حضرت ابو الفضل بخواهی مطمینا ابو الفضل هم خوشحال تر می شد)از صبح روز بعد مشغول ترو تمیز کردن کارهای خانه شدم. پرده ها را با جارو برقی گردگیری کردم وبا دستمال تا هر جا که می توانستم پاک کردم. و داخل شومینه را برق انداختم. زهرا هم می خواست کمکی بکند وبه خاطر اینکه اراحت نشود کریستالهای داخل ویترین را برایش می برددم و همان جا داخل رختخوابش تمیز می کرد. اصلا به یاد ندارم ان روز ناهار خوردم یا نه؟ مادرم هم توی اشپزخانه حسابی مشغول بود و با کابینت ها می جنکید. حول وحوش ساعت هشت شب بود که کارها تمام شد. حسابی خسته بودم و بازو هایم درد میکرد. به حمام رفتم ودوش گرفتم شام خورده و نخورده به خواب رفتم. روز اغازین هفته بود و همه ی بچه ها شاد و سرحال به مدرسه می امدند. ان هفته را شیفت صبح بودیم. کسل بودم و همچنان خسته. خواب دیشب هم نتوانسته بود خستگی ام را کم کند. اصلا حواسم به درس نبود و این برای دوستانم و هم کلاسی هایم قابل درک بود. ساعت استراحت بیرون نرفتم و ترجیح دادم داخل کلاس بمانم. سرم را روی دستهایم گذاشتم و چشمانم را بستم. چند دقیقه ای بعد دستی مهربان صورتم را لمس کرد. چشمانم را باز کردم. چشمان سبز یشمی اش همه ی خستگی ام را از بین برد. واقعا در عمرا دختری به این زیبایی ندیده بودم. لبخندی زدم و سرم را بلند کردم.

- خوابیدی؟ بیدارت کردم؟

- نه فقط کمی کسلم. نمی خواستم بیرون برم

- اره امروز منم خیلی بی حالم

جایش را در کنار خودم باز کردم.

- چرا چی شده؟/ اتفاقی افتاده؟

- مادرم کمی نا خوش احواله. کمر درد داره . دکتر گفته باید بمونه خونه استراحت کنه

متاسفم. امیدوارم زودتر خوب بشه. ناراحت نباش. خواهر منم بارداره و حالش خیلی بده . مادرت سرکار میره؟/ شاغله یعنی؟

- اره . ارایشگاه داره. چون دایم باید سرپا وایسه و کارهای مشتری هارو انجام بده دیسک کمر گرفته . الان خونه است و ارایشگاه تعطیله

- خیلی ناراحت شدم. کمکی از دست من بر میاد؟

لبخندی زد و دستانش را دور شانه هایم پیچید.

- نه عزیزم. ممنون. همین که با هم دردل می کنیم خوشحالم

حسابی با هم دوست شده بودیم و تمام زنگ های تفریح با هم می گذروندیم. اینقدر با هم صمیمی شده بودیم که همه بچه های کلاس تعجب میکردند. دختر شیک و مد روزی مثل ستاره با دختر سنتی و محجبه ای

مثل من چطور میشد با هم دوست باشند؟ در چه مورد با هم صحبت میکردندو چه وجه تفاهمی داشتند؟ شاید افکار و خواست دل من بود که دوست داشتم مانند او باشم و خود را درون او می دیدم و این باعث کشش شده بود. زندگی که هیچگاه نداشتم و لباس ها یی که ارزوی داشتن و پوشیدن انها را داشتم در تن او می دیدم. احساس میکردم ستاره در قالب ارزو های من زندگی میکند. او هیچوقت پشت سر کسی حرف نمی زد. دعوا نمی کرد . فخر نمی فروخت. از زیباییش تعریف نمی کرد و با هم صحبت هایش با ادب حرف می زد. او از جنس خود نداشته ام بود. خودی که هیچ گاه نمی توانستم داشته باشم. اما او چرا دوست داشت با من باشد؟ بارها این سوال را از خودم می پرسیدم. تنها چیزی که از ان مطمین بودم این بود که ما خیلی خوب همدیگر را درک می کردیم. با کلمات ساده سخن می گفتیم و از درد ها و دلخوشی ها تعریف می کردیم بدون اینکه نگران واکنش طرف مقابل باشیم. مادرم حسابی در تب وتاب خرج و مخارج سفره اش بود. کلی خرید کرده بود. از برنج درجه یک ایرانی گرفته تا زعفران مخصوص قاینات و حبوبات درجه یک کرمانشاهی. مشکل گشا و روغن حیوانی و رشته ی پلویی هم که در اول لیست قرار داشت. برای تزیینات سفره هم کلی تدارک دیده بود. با کمک خاله ام با تور های رنگی و زیبا کیسه های مخصوص درست می کردند و داخل ان ها مشگل گشا می ریختند. همین طور که داشتم انها را نگاه می کردم با خودم گفتم:

- چه جالب! نخود چی کشمش سبز و نقل هاای ریز رو میگن مشکل گشا. یعنی اینها مشکلات را حل می کنند؟ کلید می شود و قفل ها را باز می کند؟ چه کسی اسم این تنقلات شیرین را مشکل گشا گذاشته؟ احتمالا از کاسب های بازار بوده و اون موقع خواسته جنس هاش فروش بره اونها رو با هم مخلوط کرده و اسم روش گذاشته و حتما با این تغییر فروش چه فروشی هم داشته؟ ! !! عجب از کار مردم این دنیا. اصل را ول کردند و به این فرع ها چسبیده اند. خاله مهناز هم به اانجا امده بود و می خواست کمکی برای مادرم باشد. رعنا هم امد اما زود رفت. بیشتر کارهای اصلی مانده بود برا ی پنجشنبه و جمعه. چند بار هم مرا صدا زدند برای کمک اما راستش را بخواهید نرفتم. میلی به این کار نداشتم. همین طورم که داشتند کار می کردند بحث و حرف مردم و بعد غیبت و خوردن گوشت برادر شان که با زن و بچه هایش در ورامین زندگی می کرد. طفلک دایی ام . خیلی مشکلات داشت. یکی از دختر هایش طلاق گرفته بود و برگشته بود به خانه پدری. و یک پسرش هم اعتیاد داشت و مدتی بود از او بی خبر بودند. به غیر از ان دو سه بچه دیگر هم داشتند. دو دختر و یک پسر که درس می خواندند. فکر می کنم سه سالی می شد همدیگر را ندیده بودیم. اخرین باری که دایی ام را دیدم برای کار طلاق دخترش سودابه به تهران امده بود. به منزل ما امده بود و از مادرم مقداری پول به عنوان قرض می خواست. مادرم هم تقاضایش را رد کرد. با این توجیه که پول های حاج عباس حساب

و کتا ب دارد و ار امامان نقل شده که اگر زنی بدون اجازه شوهرش ار اموال او به دیگران بدهد گناه کبیره است و فردای قیامت باید جوابگو باشد. دایی محمد شرمنده و ناامید از در خانه حاج عباس معتمد و مومن محل بیرون رفت و دیگر برنگشت. خواهران مهربانش هم یکبار برای دیدن او یا برادر زاده هایشان نرفتند و احوالی از او نپرسیدند. مادر من امامانی که تو ان ها را ملاک قرار دادی ایا بارها نگفتند که غیبت نکنید که هرکس غیبت و بدگویی کسی را بکند که خودش نباشد گناه کبیره انجام داده است؟ نمی دانم امامان الان صحبت های شمارا می شنوند یا نه اما حتما خداوند قادر و شنوا می شنود. لیستی از تمام اشنایان و همسایه های متمول و ثروتمند تهیه کرده بود و تنها اسمی که در ان نبود زن دایی بیچاره و مریضم بود که اگر قرار بود این سفره کسی را شفا بدهد زن دایی ام بود که بیماری ام اس داشت. و این خواهر شوهر های با ایمان و نماز شب خوان حتی یک احوال پرسی تلفنی هم نکردند. مگر نه این است که افتخار می کنید که مسلمانید و از همه بالاتر و کامل ترید. ؟ مگر نه اینکه به چهارده معصوم اعتقاد دارید و هر جا که گیر و گرفتار می شوید متوسل می شوید و قران می خوانید و انها را واسطه قرار می دهید. ؟ ایا این امامان معصوم شما نگفتند که از هم خویشان خود عیادت کنید و به فقیران و مستمندان صدقه بدهید؟ دایی ام هم خویش شماست و هم فقیر . جرا کمک نکردید؟ فقیر و غنی با هم فرقی ندارند و همه ی انسانها با هم برابرند. پس کجا رفت این دین شما؟ پس کجا

بود اعتقادی که به ان می نازیدید و افه ی مسلمانی می دادید؟ ای مسلمانان بی دین و ای شیعیان بی ایمان از نظر من شما هیچ فرقی با طالبان ندارید. ان موقع نه می توانستم حرفی بزنم و نه اعتراضی بکنم. چون محکوم می شدم به گمانه ظنی در دین و به جرم کفر اتش سوزان جهنم را برایم توصیف می کردند و از سرب داغ و کوره های انسان سوزی داستانها برایم می گفتند. در حالی که اصل دین را من می دانستم و انها نمی دانستند. هر چه را برای خود می خواهی برای دیگران نیز بخواه و هر انچه را که برای خود نمی خواهی برای دیگران هم مخواه. کل دین و هدف از عبادت و انسانیت در این جمله است و خوشا به حال ان کسی که با عمل به این جمله به هر چه که دلش و خدای دلش می خواهد می رسد. ان روز چهارشنبه بود و دو روز تا مراسم روحانی مادرم و سفره ابوالفضلش باقی مانده بود. می خواستم پنجشنبه را به مدرسه نروم چون درس زیاد مهمی نداشتیم و باید به مادرم کمک میکردم . البته به اجبار و ان هم صرف خاطر زهرا چون به اسم او ان سفره به پا شده بود.

- راستی ستاره مادرت چطوره؟ کمرش بهتر شده؟

- کمی بهتره. ولی هنوز درد داره و نتونسته بره ارایشگاه. خونه است

- امیدوارم بهتر بشه براش دعا میکنم.

- راستی دو ساعت اخرو معلم نداریم. می دونستی؟

- نه. چرا ؟ مگه با خانم تیموری معلم نداشتیم؟

- چرا خوب نیومده. کلاسمون تعطیله

- چه خوب اصلا حوصله اش رو نداشتم . چقدر امروز هوا سرده.

- اره. می خوام یه سر برم ارایشگاه مادرم. چند روزیه از اونجا بی خبریم. لوله های گاز رو هم چک کنم یه وقت باز نباشن. اونجا رو هم یکم مرتب کنم.

- اه. خوبه. ولی من تنها میشم و باید طبق معمول صبر کنم سرویس بیاد.

- شرمنده. یادم نبود راستی. بیا با هم بریم. از تنهایی هم در میای

- نه نمی تونم . همین جا می مونم.

- چرا؟ چه اشکالی داره؟ ارایشگاه همین نزدیکیه. تا موقع تعطیلی مدرسه بر میگردیم.

- نه ستاره . می ترسم. اگه اتفاقی بیفته اگه دیر بشه چی؟ جواب حاجی رو چی بدم؟ ولش کن تو برو

- نه خیالت راحت. اتفاقی نمیفته. فردا هم که نمی خوای بیای. حسابی دلم برات تنگ میشه. خواهش میکنم بیا بریم.

وقتی اصرار ستاره را دیدم. نه گفتن برایم سخت شد. روز به روز به او وابسته تر می شدم. چادرم را پوشیدم. صدای تالاپ تالاپ قلبم را می شنیدم. اولین

بار بود که بدون اجازه خانواده ام جایی می رفتم. ان هم اینطوری و در ساعت مدرسه. ارایشگاه مادر سپیده دوتا چهارراه باتلاتر بود. پیاده شاید ده دقیقه ای طول کشید و برای من انگار این ده دقیقه ده سال زمان برد. دایم می پرسیدم چی شد؟ رسیدیم؟ کجاست پس؟ . . . . ستاره را کلافه کرده بودم. دیگر داشت از دستم دلخور میشد. اما همین پیاده روی با استرس و اضطراب هم برایم هیجان انگیز و جالب بود. مغازه هایی را که می دیدم و مردمی را که از کنارم عبور می کردند همه را دوست داشتمو از دیدنشان لذت میبردم. حس درونم ذوق داشت. به ارایشگاه که رسیدیم ستاره کرکره را بالا زد و با قفلی که به درب شیشه ای زده بودند کمی کلنجار رفت تا موفق شد بازش کند. اگه بگویم تا ان موقع به یادم نمی امد کی به یک ارایشگاه زنانه رفته بودم باور نمی کنید. اما واقعا یادم نمی امد. شاید مربوط بود به دوران بچگی که یکبار با خاله به ارایشگاه رفته بودم.

فضای داخلی سالن خیلی شیک بود. تقریبا همه چیز به رنگ سبز فسفری بود. پوستر های زیبایی به دیوار ها نصب شده بود. کابینت شده و مرتب بود. روی میز وسایل بهم ریخته ای بودند که معلوم بود موقع رفتن عجله داشتند.

یک تخت هم در رایشگاه وجود داشت و یک سرویس کامل بهداشتی و روشویی همراه دوش های دستی که برای شستن رنگهای سر خانم ها بود.

- ستاره این تخت برای چیه اینجا؟

- ستاره خندید و مشغول روشن کردن بخاری داخل حمام شد.

- برای کار اپیلاسیون خانم هاست.

- اپیلاسیون چیه؟

- نمی دونی؟ پاک کردن بدن از موهای زاید. یه موادی به بدن می مالن بعد با پارچه اونارو میکنن. بالاخره بخاری روشن شد. بیا جلو گرم شی

جلو رفتم و روی صندلی کنار بخاری نشستم . صورتم را در ایینه دیدم. از سرما قرمز شده بود.

- ببینم تو نمی خوای لباستو در بیاری؟ اینجا هم ول نمی کنی؟

- نه راحتم. خوبه

ستاره جلو امد و چادرم را از سرم کشید و به یک چشم به هم زدن مقنعه ام را هم در اورد

- اه. حالم بد شد. این همه لباس چیه تنت. اینجا که کسی نیست. منم معذب میکنی با این کارات. پالتو و مانتو تم در بیار . الان اینجا گرم میشه عین حموم.

لباسهای خودش را هم در اورد و پوتینش را هم از پاییش بیرون کشید و یک دمپایی پوشید. لباسها را اویزان کردم و دوباره سر جایمان نشستیم. عجب بدن زیبایی داشت. نمی توانستم از او چشم بردارم. دختر بسیار

جذابی بود. باسن برجسته و سینه های خوش فرمش زیبایی او زرا دو

چندان کرده بود. همان طوری که من به او خیره شده بودم او هم مرا زیر

چشمی می پایید. از داخل کوله پشتی اش بسته ای چیپس در اورد

ومشغول خوردن شدیم. بخاری کم کم داغ شد و هوای داخل ارایشگاه گرم

شد. همون طور که چیپس می خوردیم و حرف میزدیم به نقاشی های

داخل ارایشگاه هم نگاه میکردم. چند کار از ستاره به دیوار اویزان بود. در

سن خودش نقاش بی نظیری بود.

- کارت بیسته. این طرح ها رو عالی کشیدی

- راست میگی؟ مرسی. می دونی چیه مریم مدیتیه می خوام یه چیزی بهت

بگم روم نمیشه . یه خواسته است که می ترسم و تو جواب رد بدی.

- چیه ؟ بگو؟ اگه بتونم حتما قبول میکنم .

- راستش دوست دارم یه نقاشی از تو بکشم

- از من؟ چه جور نقاشی؟

- یه نقاشی تمام قد. صورت و بدن

خنده ام گرفته بود. نقاشی از من ؟ مسخره بود

- نه بابا شوخی میکنی. ادم قحطیه مگه می خوای از من نقاشی بکشی؟

- این چه حرفیه؟ مریم اگه یادت باشه بهت گفته بودم تو خیلی زیبایی و قدر این زیبایی رو بدون . شوخی هم نمی کنم. تو واقعا بی نظیری. استیل بدنت و حالت صورتت مثل یک مانکنه.

- تو لطف داری ولی اگه دنبال یه دختر خوشگل می گردی تا نقاشیش کنی یه ایینه جلوی خودت بذار و خودت رو بکش. هیچ کس از تو زیبا تر نیست.

- اره . منم بد نیستم. ولی تو خیلی خاصی. منحصر به فردی. اندام کشیده و مدل پاهات خیلی قشنگه. از صورت و اندام من زیاد هست ولی از تو نه. مانکن ها سالها زحمت میکشن تا شبیه تو بشن و تو زیبایی سرشار و خدادادی داری.

- ممنون. ولی من نمیتونم. می دونی که خانواده من خیلی حساس هستند. و اجازه نمی دن من حتی تحت بدترین شرایط از خونه خارج بشم حالا چه برسه به اینکه برم تنهایی پیش دوستام و این جریان نقاشی کشیدن و از این حرفها.

- قول میدم خیلی طول نکشه. دو یا نهایت سه جلسه ای تم. مش میکنم. نمی ذاریم کسی بفهمه. فقط بین من و تو. می خوام عکستو توی اطاقم داشته باشم.

- نمی دونم چی بگم. خیلی برام مشکله.

- بهش فکر کن خواهش میکنم. راستی از پسر خاله ات چه خبر؟

سرم را پایین انداختم و کمی خجالت زده شدم.

- هیچی ندیدمش. جمعه مادرم سفره داره. به خاطر سلامتی زهرا نذر کرده. کلی مهمون داریم و به این خاطر نمیام مدرسه. اگه دوست داری توام بیا ولی فقط یه چیز. . .

- ولی چی؟ بگو راحت باش

- اگه اومدی یکم پوشیده بیا. تونستی یه چادر سرت بنداز. می دونی که جریان خونه ما چطوریه. می خوام حرفی توش در نیاد.

- باشه متوجه شدم. تونستم میام و اگه شد پوشیده

ادرس را هم به او دادم و سریع به مدرسه باز گشتیم. سوار سرویس شدم و تا رو ز جمعه از او خداحافظی کردم. از اینکه بدون اطلاع خانوائه ام کاری انجام داده بودم و از مدرسه خارج شده بودم خیلی عذاب وجدان داشتم. اما خوب می دانستم اگه به انها می گفتم که با ستاره به ارایشگاه مادرش رفته ام زندگی ام را سیاه میکنند. شاید حاج عباس یکی را هم در مدرسه مامور من میکرد. اصلا هم بعید نبود.

همان شب به پیشنهاد ستاره کلی فکر کردم. اولش مسخره به نظرم امد و این کار را منتفی شده میدیدم. ولی بعد که بیشتر فکر کردم و یاد تعریف و تمجید هایش افتادم خیلی برایم لذت بخش بود. ایا من واقعا ان چیزی بودم که او میگفت؟ چه اشکالی داشت؟ چرا ماها عادت داشتیم هر چیزی را برای

خودمان سخت بگیریم؟ اگر من با افکار و ایده ال های خانواده مدپذهبی ام مخالفم پس چرا دنباله روی میکنم و بی چون و چرا می پذیرم؟ ایا این درست نبود که فردا همین بلا را سر شوهر و بچه های خودم می اوردم؟ شوهر! به شوهرم فکر کردم. رضا را دیدم که همسرم شده و دو بچه زیبا . یک پسر و یک دختر. پقدر ناز و زیبا بودند. اما نه شبیه من بودند ونه شبیه رضا. انها شبیه ستاره بودند. اما چرا ستاره؟ شنیده ام زندگی هر کسی رنگی دارد. سیاه یا سفید یا سبز یا قرمزو یا . . . . . زندگی من چه رنگیه؟ تشخیصنمی دادم. فکر کنم زندگی ام خاکستری است. نه می توانم بگویم سیاه شب است و نه میتوان سفیدش خواند. بله. زندگی من خاکستری است. . .

به این جا که رسیدم صدای تلفن رشته ی افکارم را پاره کرد. چند زنگی خورد تا به خودم امدم. باید تلفن را از پریز می کشیدم.

- بله بفرمایید

- سلام . منزل خانم سلطانی؟

- بله خودم هستم شما؟

- من مادر مریم هستم. مریم کریمی

- اها بله . سلام حاج خانم. خوب هستین؟ ببخشید به جا نیاوردم

- خواهش میکنم . به گوشیتون زنگ زدم جواب ندادید مجبور شدم اینجا مزاحم بشم.

- نه شما مراحمید. بفرمایید

- می خواستم بدونم در رابطه با جریان مریم چکار کردید؟ وکالتشو قبول میکنید یا نه؟

- من به دیدن مریم رفتم و کمی باهخاش صحبت کردم. کل اتفاقات رو نوشته. در حال حاضر مشغول خوندن جزییات ماجرا از زبان خودش هستم. مطمین باشید تمام پرونده هارو گذاشتم کنار و چند روزه درگیر کارهای مریمم. بعد از تموم شدن نوشته ها و فهمیدن اصل مطالب خودم باهاتون تماس میگیرم. البته باید بگم که مریم به شدت افسرده است. بد نیست به ملاقاتش برید و کمی جویای احوالش بشید

صدای حاج خانم پشت تلفن لرزید

- نه اصلا . اون دختر من نیست. اگه هم دنبال وکیلم یا پی جور فقط به خاطر خواهرشه. داره از غصه مریم دق میکنه. لطفا تصمیم گرفتید زودتر خبرم کنید. ممنون

- باشه حتما. خداحافظ

- خداحافظ

ساعت یازده صبح را نشان میداد. گوشی را از پریز تلفن کشیدم . به لطف سحر خیز بودن کاری برای انجام نداشتم. و تا ساعت یک هم فرصت باقی مانده بود. باید زودتر تکلیف این پرونده را روشن میکردم.

کارها با سرعت انجام میشد. کلی مهمان دعوت کرده بودند. همه ی میوه ها داخل ظرفهای یکبار مصرف چیده شده بود. و روی انها را با سلفون پوشاندیم. چون روز تعطیل بود و مردها هم بیکار به منزل زهرا تبعید شده بودند. در منزا ما ولوله ای به پا بود. همه چادر نماز های زبا به تن داشتند و روسری های گیپور پوشیده بودند. زیور الات زیبا و با ارزش به دست و گردن تک تک خانم های داخل مجلس بود که فکر میکنم اگه همه ی انها را میشد جمع کنی و بفروشی پروت با ارزشی به حساب می امد. بگو و بخند و صحبت های درگوشی خانمها هم بالا گرفته بود. همه میگفتند و می خندیدند. و از سفرهای مکه و مالزی و ترکیه ای که رفته بودند می گفتند. از قیمت وسایل منزل گرفته تا نرخ ارز و دلار و طلا گفته میشد. از هر دری سخنی و گفت و شنودی ولی دریغ از یک حرف به درد بخور و انسانی. حاج خانم روضه خوان هم امده بود. و بالای مجلس طبق معمول خیمه زده بود. گاهی از وسایل پذیرایی چیده شده می خورد و گاهی با خانم های بغل دستی در مورد سلیقه اش در مورد انتخاب لباسهایش و عطرش می پرسید و مثل همیشه تایید میگرفت. از امدن ستاره نا امید شدم. . . شاید ناراحت دشده بود از اینکه بهش گفتم پوشیده به مراسم بیاید. حق هم داشت. روضه

خوان شروع به روضه خوانی کرد. کمی از اتفاقاتاتی که در کربلا افتاده بود رو تعریف کرد و از هر دری سخنی میگفت. سفره که پهن شد همه خوردند و پاشیدند و حسابی کیف کردند. مادرم عجب سفره ای بر پا کرده بود. از چند جور حلوا تا میوه های دست چین شده و خرماها ی تو پر شده با گردو و بهترین اشی که می توانست بپزد. رشته پلو و عدس پلو با مخلفات فراوان. بسته های روبان دوزی شده مشگل گشا چقدر طرفدار داشت!

اخر مگر این خانم های ثروتمند با این لباسهای گرانقیمت و زیور الات جواهر نشان هم مشکلی داشتند؟ همگی به کشور های خارجی سفر میکردند و فرزندانشان در بهترین کشور های اروپایی و امریکایی مشغول تحصیل بود. جالب این جاست که وقتی که حرف از ایران بود گرفته و عبوس می شدند و اه می کشیدند اما وقتی اسم مالزی و دبی به میان می امد گل از گلشان میشکفت و خندان می شدند.

مراسم به هر شکلی که بود تمام شد و همه خانمهای محترم با ازانس یا راننئه های شخصی به منزلشان رفتند و ما ماندیم و کلی ظرفهای کثیف و خانه ای بهم ریخته. حسابی عصبانی و کفری بودم. ایا واقعا در این مراسم دعایی هم براورده می شدو مریضی شفا میگرفت؟ ایا ابو الفضل عباس که می گوییند فردی ازاده و خانواده دوست بوده راضی است پیروانش اینطور اسراف کنند و به نام او این همه بریز و به پاش های انچنانی کنند؟ با پول این سفره یک ساعته می شد خرج زندگی سه چهار خانواده فقیر را داد.

ابوالفضل العباس سردار بزرگ عرب که برای برادرش از همه چیزش گذشت چطور راضی می شود حاج خانمی برادرش را تحقیر کند و او را با دست خالی از خانه اش بیرون کند؟ و در این وقت گرفتاری احوالی از هم خون خود نگیرد؟

خسته از دو روز کار طولانی بی ارزش روی تختم دراز کشیدم. گلوله های زیبای برف شروع به باریدن کرد. چقدر زیباست! لطف خداوند همیشه شامل حال بندگان است و به جای اینکه قدر نعمات خدا را بدانیم اینطور حیف و میل میکنیم. حاج خانم و حاج عباس داشتند با هم جروبحث میکردند. خرجی که حاج خانم برای ان مراسم دوساعته هزینه کرده بود بتالای سه میلیون تومن بود . از ان سه میلیون فقط کیسه زباله های پر از اشغال را دیدم که گوشه حیاط داشت برف میخورد. اهی کشیدم و در این افکار در هم در رو یا غوطه ور شدم. و دیگر هیچ صدایی نشنیدم. زهرا به خانه خودش رفت و قرار بود بر گرددو حاج خانم هم از حالا به فکر گردگیری شب عید بود!

خانه تکانی شب عید حاج خانم همیشه خیلی طولانی بود و کلافه ات میکرد و به جای اینکه از تعطیلات لذت ببریم باید با درد بازو و ران دست و پنجه نرم میکردیم. من مه خودم را خلاص کردم و گفتم که اصلا روی من حساب نکند. با کلی بحث و تشر فراوان بالاخره پیروز شدم و قرار شد کارگر بگیرد. چند روزی از موضوع رفتن من به ارایشگاه میگذشت که با ستاره در

مورد نقاشی صحبت کردیم. قرار شد ستاره در سه جلسه نقاشی را تمام کند. نمی توانستم به او نه بگویم. او عزیزترین دوستم بود نمی خواستم او را از دست بدهم حالا که کشیدن نقاشی کار سختی نبود که نتوانم برایش انجام بدهم.

اولین جلسه را در روز چهارشنبه دو ساعت اول قرار گذاشتیم. ان دو ساعت را همیشه بیکار بودیم. مادر ستاره حالش بهتر شده بود و دوباره ارایشگاه برقرار شد. بعد از اینکه از سرویس پیاده شدم ستاره داخل حیاط منتظرم بود. با هم به بیرون رفتیم و به سمت خانه ی ستاره حرکت کردیم. اپارتمان دو خوابه و تقریبا قدیمی. ولی وسایلش امروزی بود. طراحی اسپرتی داشت و رنگ بنفش و سفید را در همه جای خانه می شد دید.

- خونتون خیلی قشنگه. سلیقه خودته؟

- ممنون. سلیقه جفتمون. من و مامان

- تبریک میگم خونه باحالی دارین. راستی ستاره پدرت کجاست؟ یه دفعه برنگرده؟ ؟ هیچوقت نشد در این مدت در موردش صحبت کنیم

- خیالت راحت. پدرم هیچوقت خونه نمیاد که تو نگران بشی

- چرا مگه پدرت کجست؟ مسافرته؟

ستاره لبه ی کاناپه نشست و ذستهایش را بالای پاهایش گذاشت و گفت:

- هیجوقت بحثش نشد که بگم . وقتی که من بچه بودم تقریبا ده ساله اونا از هم جدا شدندو مادرم طلاق گرفته

از شنیدن این حرف خیلی ناراحت شدم. کنارش نشستم و یک دستم را روی شانه اش گذاشتم و با دست دیگرم پایش را نوازش کردم.

- متاسفم نمی دونستم. نباید می پرسیدم

- نه اصلا و بالاخره چی ؟ متوجه می شدی

لبخندی چهره زیبایش را تزیین کرد. چشمانش مرا با خود می برد. وقتی که با او بودم همه چیز داشتم و این برایم از همه چیز لذت بخش تر بود.

- با هم دوستیم مگه نه؟

- اره حتما. تا همیشه

با هم به اطاق خواب ستاره رفتیم . همه چیز ان طوری بود که فکر می کردم. پرده های بنفش با گلهای زیبا. میز تحریر با کامپیوتری که روی ان قرار داشت. تختخواب با روکشی شبیه همان پرده ای که به پنجره ی اتاق نصب شده بود پوشیده بود. و یک قالیچه چهل تیکه بسیبار زیبا که همه رنگ را میشد در ان پیدا کرد و در وسط اطاق پهن بود. اتاق ساده اما شیکی بود. از نمونه کارهای خودش رو می شد روی درو دیوار دید. هنرمندی بود به تمام معنا!

- اطاقت هم مثل خودت زیباست. افرین. بهت واقعا تبریک میگم.

- مرسی تو خیلی مهربونی . بیا بشین برات چایی بیارم

- نه نه وقت برای چایی خوردن نیست. باید زودتر کارو شروع کنی. ساعت داره میگذره. وقت نداریم

- باشه. خانم عجول. البته با این چادر و مقنعه و لباسهای تنت جور در نمیاد. زود باش لباس هاتو در بیار.

کمی سکوت کردم. راست میگفت. این چه وضعیه. در این خانه هیچ مردی نبود. و هیچ کس هم قرار نبود بیاد. پس کار من مسخره به نظر میرسید

لباس هایم را در اوردم و ستاره انها را یکی یکی از دستم میگرفت. فقط بلوز بافت نازک ابی رنگ مانده بود و شلوار مدرسه مانده بود.

- زود باش اونهارو هم در بیار . نمیشه با اینا

- چی؟ نه دیگه اینارو در نمیارم. نکنه میخوای لخت ازم نقاشی بکشی . ؟

- نه و البته که نه. برات لباس مناسب میارم . اینا توی نقاشی جالب نمیشه.

از داخل کمد چند دست لباس انتخاب کرد و بیرون اورد. نمی دانستم باید چکار کنم. از طرفی وحشت من بیهوده بود و از طرفی چون تا به حال این مدل لباسها را نپوشیده بودم برایم زاحت نبود. لباسها را یکی یکی جلو صورتم میگرفت و با صورتم مقایسه میکرد. بالاخره انتخاب نهایی را انجام داد. یک لباس بندی کوتاه با خال های پلنگی انتخاب شد. از حق هم نگذریم واقعا زیبا و شیک بود. دستم را کشید و مرا لبه ی تختش نشاند و

لباسم را از تنم در اورد. بند سوتینم را هم باز کرد و انرا از تنم بیرون کشید. دیگر هیچ واکنشی نشان نمی دادم. خیلی باید امل میبودم که مقاومت کنم. لباس پلنگی را ارام به تنم پوشاند. دستم را کشید و مرا جلو ایینه برد. از لباس تنم احساس سرخوشی و وجد میکردم. خودم را ازاد و سبک می دیدم. شلوارم هم دیگر در پایم نبود. همان طور که جلو ایینه بودم ستاره با مهارت موهایم را درست میکرد. یک گل سر زیبا به موهایم زد و انها را به سمت راست صورتم شانه زد. به مزه هایم ریمل زد و رز لب صورتی خوش رنگی به لبهایم مالید. خودم را دیگر در ایینه نمی شناختم. یعنی این دختر زیبای درون ایینه من بودم/؟ بله. خودمم. . . این خود واقعی من بود. . .

- واقعا عالی شدی. می دونستم تو جای تغییر زیاد داری ولی الن خودمم حیرانم. سوپرایز شدم.

- خودم هم همین طور . اولین باره همچین لباسی می پوشم و ارایش دارم.

دمپایی سنگ دوزی شده زیبایی هم برایم اورد و یک صندلی جلوی پیانوی قدیمی داخل سالن گذاشت و یک گل هم از داخل گلدان اورد و روی لبه ی پیانو گذاشت.

- تو پیانو میزنی؟ راستش اولش نمی دونستم چیه. الان متوجه شدم.

- - ممنون واسه مادرمه. گاهی اوقات بیکار میشه برای دل خودش میزنه.

- افرین به مادرت. چه مادر خوش ذوقی. خوش به حالت ستاره. تو خیلی خوشبختی. حداقل بیشتر از من

- نه اینطوری نگو. منم کلی گرفتاری و مشکلات دارم. راستی هروقت مادرم دورهمی با دوستاش داشت می گم تو هم بیای. بد نمیگذره

- من اگه می تونستم مهمونی و دور همی برم که غم نداشتم.

- باشه ولش کن. با این حرفها وقتمون هدر میره. بیا بشین روی صندلی تا شروع کنیم

ان مدلی که ستاره گفت نشستم و ارام و بی حرکت منتظر ماندم. ستاره هم وسایل نقاشی اش را اورد و با مهارت زیاد شروع کرد به نقاشی کردن. کمی که گذشت خسته شدم اما ذوق دیدن ان تصویر انقدر زیاد بود که تحمل هر خستگی را اسان میکرد. حدود دو ساعت روی نقاشی کار کرد. ساعت که به دو نزدیک شد وحشت تمام وجودم را گرفت. داشت دیر می شد. باید به کلاس ادبیات می رسیدم. سریع اماده شدیم و تند تند در حالی که دست در دست هم دیگر داشتیم به سمت مدرسه روانه شدیم. ان روز برای من روز قشنگی بود. یک تجربه شیرین . یک روز و خاص در زندگی کسالت بار و تکراری ام بود. روز بعد هم دو ساعت از مدرسه غیبت کردیم و به منزل ستاره رفتم. هر بار که ان لباس را می پوشیدم احساس غرور وجودم را می گرفت. وقتی که داشتم لباسم را می پوشیدم ستاره صورتش را نزدیک

گردنم اورد و چشمان زیبایش را بست. اول کمی شوک شدم و کمی خودم راعقب کشیدم. خندید و برگشت و روی لبه ی تخت نشست.

- کاری نداشتم. فقط یک لحظه بدنت یه بویی داد.

- بو؟ چه بویی؟

- یه بوی خوب. تو خیلی بوی خوبی میدی

یاد حرف رضا افتادم. او هم می گفت که من بوی خاصی دارم

- جالبه. چون رضا هم یه بار این حرفو زد

- اوه به به . اره؟ از این حرفها هم می زنین؟

- نه به خدتافقط یه بار اتفاقی. از وقتی که از در مدرسه اون جریان پیش اومد تا حالا ندیدمش.

- باشه. حالا چرا قسم میخوری. مگه ادم کشتی؟ اصلا رابطه هم داشته باشین چه اشکالی داره؟ الان همه ی دختر پسرها با هم رابطه دارند

- عه. چه روشنفکر! شما خوت چی؟ رابطه ای در کار هست یا نه؟

از شنیدن این حرف من جا خورد. انگار انتظار این حرف رو نداشت.

- من؟ با هیچکس. تا حالا دیدی من با کسی قرار داشته باشم و یا از دوست پسر و رابطه با مردها حرفی بزنم؟

- نه ندیدم. ولی خودت گفتی محاله کسی در رابطه نباشه.

- درسته اما نه در مورد من. من از همه ی پسرها و کلا جنس های جنس مخالف خودم بیزارم. از همشون متنفرم

گیج شده بودم با نفرت تمام حرف می زد. و صدایش عوض شده بود. احساس کردم غم پنهانی در دل دارد. تحمل ناراحتی ستاره را نداشتم. روی تخت دراز کشید و به سقف خیره شد. کنارش لم دادم و ارام دستش را گرفتم.

- ستاره جان چی شده؟

- نه چیزی نیست

- مگه ما با هم دوست نیستیم. ؟ ؟ من تا حالا هیچ حرفی رو از تو پنهون نکردم. تو هم با من صادق باش.

- گفتم که چیزی نیست

از حرفش دلخور شدم. بلند شدم که بروم که دستم را محکم نگه داشت و دوباره مرا وادار به نوشتن کرد. اشک از چشمان زیبایش سرازیر شد و با بغض که معلوم بود خیلی دردها دارد شروع به صحبت کرد.

- ما تازه به این خیابون اومدیم. قبلا سمت شریعتی زندگی میکردیم. از بچگی توی اون خیابون زندگی میکردم و عاشق اون محل و خیابوناش. شلوغی اونجا رو دوست داشتم و از زندگی شادم خوشحال بودم. ارایشگاه مادرم هم داخل همون خیابون بود. با اینکه بچه بودم باید تنها زندگی کردنو

یادمیگرفتم. مادرم یا باید خرج زندگی رو جور میکرد یا از من مراقبت میکرد. به همین خاطر سعی میکردم تا اونجا که می تونم باهاش همکاری کنم و به پرو پاش نپیچم. نرگس بهترین دوست و همدمم بود . با هم بزرگ شده بودیم. دختر خیلی خوبی بود. مثل دو خواهر برای هم دل می سوزاندیم. گاهی اوقات به خانه ما می اومد و گاهی اوقات من به خانه اونها می رفتم. یک برادر شش ساله هم داشت. مادر نرگس پرستار بود. گاهی شیفت شب بود و گاهی صبح و عصر به بیماستان میرفت. پدر نرگس هم بوتیک لوازم ارایش و عطر و ادکلن داشت. کلاس سوم راهنمایی بودیم که مجبور شدیم مدرسه مون رو عوض کنیم. مدرسه به علت قدیمی بودن نیاز به بازسازی داشت. این اتفاق باعث شد من و نرگس دیگه نتونیم تنها به مدرسه بریم و بیایم. گاهی مادر من و گاهی پدر نرگس مارو میبردند مدرسه و می اوردند. پدر نرگس خیلی جوون تر از مادرش بود. خیلی هم به خودش می رسید. اصلا به سن و قیافه اش نمی اومد دختری هم سن و سال نرگس داشته باشه. از لحاظ سنی هم دو سالی از مادر نرگس کوچیکتر بود. همیشه ادکلن های مارک میزد و لباس های اسپرت میزد. من همیشه از همون بچگی عمو سعید صداش میزدم. جای خالی پدر و عمو هامو برام پر کرده بود. گاهی باهم به سینما می رفتیم و جاهای دیدنی رو گشت میزدیم. حسابی هوای مادرمو داشت. همین دیدار ها باعث شده بود خیلی باهم صمیمی بشیم. اما بعضی اوقات صدای دعوای عمو سعید و خاله سحر مادر

نرگس می اومد. البته ما هیچوقت دخالت نمی کردیم و مادرم همیشه طرف خاله سحر رو میگرفت. هر وقت که دعوا داشتند بچه ها می اومدن خونه ما. اکثر اوقات در خو نه هامون باز بود و ما تعا رفی با هم نداشتیم. ساختمان شلوغی نبود. غیر از ما یک خانم و اقای مسن هم طبقه اول زندگی میکردند. اواخر اذر ماه بود که بیماری سختی گرفتم. انفولانزای وحشتناک. همراه تب و لرز زیاد امان از من بریده بود. مادرم یک روز ارایشگاه نرفت و از من نگهداری کرد. اما بیشتر از این نمی شد ارایشگاه تعطیل بشه. هر روز بستن ارایشگاه همراه بود با کلی ضرر. ما هم خیلی به در امد مادر نیاز داریم. اجا ره مغازه اجازه خونه و کلی خرجهای ضروری دیگه باعث شده بود من اصرار کنم که مادرم بره ارایشگاه. نرگس از اینکه باید تنهایی به مدرسه میرفت خیلی غصه دار بود. یک روز که مدرسه بود باز هم سرو صدای عمو سعید و خاله سحر بلند بود. و طبق معمول نیما داداش کوچیکه نرگس اومد پیش من. بیچاره از ترس میلرزید و گریه میکرد. عمو سعید حسابی قاطی کرده بودو داشت وسایل خونه رو میشکست. صدای جیغ و گریه خاله سحر دلم رو به درد می اورد. خیلی براش ناراحت بودم ولی نمی تونستم کاری انجام بدم. صدای باز و بسته شدن در خونه اومد و از صدای تق تق کفش هاش فهمیدم خاله سحر بود که رفت. نیما رو اروم کردم و خوابوندم و منتظر برگشتن نرگس شدم. خاله سحر هم که قهر کرده بود و به خونه پدرش رفته بود. روز بعد هم هنوز حال و روز خوبی نداشتم و تب و لرز همچنان ادامه داشت.

عمو سعید نرگس رو به مدرسه برد . منم به نیما ناهار دادم و کنار نیما دراز شدم. از بس دارو می خوردم همش در چرت بودم و تا چشمم را می بستم به خواب میرفتم. بین خواب و بیدار بودم که نفس کسی رو کنار صورتم حس کردم. همون طور که چشمم بسته بود و داشتم از شدت تب می سوختم خودم را کمی عقب کشیدم. در ذهنم امد که نیماست. اما نفس ها نزدیکتر شد. نفس ها نفس کودکانه نبود. کمی چشمامو باز کردم. ارام دستم رو به سمت نفس ها بردم و به صورتش برخورد کرد. برق همه وجودم رو گرفت. خواستم بلند شم. و خودم رو جمع و جور کنم ولی نمی تونستم. عمو سعید کنارم دراز کشیده بود و داشت صورتش رو به صورتم می مالید و دستش رو دور بدنم حلقه کرده بود. مدام تقلا می کردم. می خواستم رها بشم اما نمی شد. سعی میکردم جیغ بزنم اما توهم بود صدایی از گلوم خارج نمی شد. اینو وقتی به صورت نیما نگاه کردم متوجه شدم که غرق خواب بود.

دستهام قدرت عقب زدن اونو نداشت. تمام بدنم داشت از تب اتش میگرفت. به پهنای صورت اشک بی صدا میریختم و بی رمق و بی حال افتاده بودم. دیگه هیچی نمی غهمیدم. انگار بیهوش بودم چون چیزی حس نمی کردم. نمی دونم چقدر طول کشید تا دست از سرم برداشت و رفت. اما هر چقدر که بودد برا یمن به اندازه تمام زندگیم بود. این مرد تمام عمر و زندگی منو با خودش برد. ناموس منو در کمال بی رحمی در حالی مریض بودم و

پسرش مهمونم بود و خواهرانه مراقبش بودم از من گرفت. سعید عموی من بود. مگه غیر از این بود که اونو عمو خطاب میکردم. ؟ مگه نه اینکه جای خالی پدرم رو برام پر کرده بود؟ به نظرت درست بود که در بی رحمانه ترین حالت ممکن این کار بی شرمانه رو با من بکنه و منو قربانی هوس های کثیف خودش انتخاب کنه؟ نمی دونم مریم الان حال منو میفهمی یا نه. ولی بدون هیچی برای یک زن بدتر از تجاوز به ناموسش نیست. الان با اینکه هنوز هفده سالمه ولی انگار درونم یک زن شصت ساله است. اون مرد کثیف همه چیز منو ازم گرفت. دیگه هیچی برای از دست دادن ندارم. نه دین رو قبول دارم و نه به خدا امیدی. از همه چیز فراری و گریزانم. در اون لحظات نمی دونستم باید چکار کنم. چطور باید این بلایی که به سرم اومده بود رو برای مادرم تعریف میکردم. چی میگفتم؟ اگه شکایت میکردیم چیزی به غیر از رسوایی نصیب ما نمی شد. چند روزی می شد که از خونه بیرون نمی رفتم. دایم به هر بهانه گریه میکردم. چند باری نرگس به دیدنم اومد و اعتراض کرد که چرا دیگه درو میبندم. مادرم هم متوجه ناراحتی هام شده بود ولی من ربطش می دادم به بیماری و اون هم فکر میکرد به خاطر عفونت ریه هام باشه. چند بار تصمیم گرفتم همه چیز رو بهش بگم ولی می دونستم اگه بفهمه اولین کاری که میکنه باید در بهدره بنگاه های املاک بشه و دنبال خونه بگرده و بعدش هم ارایشگاه رو تعطیل میکنه. و خاله سحر هم طلاق میگرفت و بچه هاشون اواره. اخرش هم یه عمر رسوایی برای

من . با این وضعیت مالی هم که ما داشتیم بستن ارایشگاه یعنی نابودی. نداشتن هیچ منبع مالی دیگه. اونوقت مادرم با کلی خرج و کرایه خونه و هزار مشکل دیگه باید چکار میکرد؟ نرگس دوباره به دیئمنم اومد. از بس گریه کرده بودم چشمام ورم کرده بود و شده بود عین کاسه خون.

- معلوم هست چته؟ چرا خودتو حبس کردی؟ مریضی یه روز دو روز . . . . بسه دیگه. از فردا میای بریم مدرسه. بابا مارو میرسونه. خانم امیری گفته بهت بگم غیبت هات زیاد شده . فردا نیای از امتحان نهایی محرومت میکنه.

- هر کار دوست داره بکنه. من مریضم و فعلا نمیام.

مثل اینکه خوشت اومده ها . به تنبلی عادت کردی. نه جونم دیگه از این خبرا نیست. فردا صبح اماده باش میام دنبالت با بابا بریم مدرسه

- پس شما برید من خودم جدا میام

- چرا اخه؟ این چه حرفیه؟

- می خوام با مامانم برم مدرسه

- نه نمی شه با هم میریم. از بس تنها رفتم و اومدم کلافه شدم.

- نه نمی تونم . گفتم که تو تنها برو

- چرا ؟ باید دلیلشو بگی والا به مامانت میگم تو یه چیزیت شده.

داشت دیوانه ام میکرد. انقدر گفت و گفت تا عصبانی شدم و هر چی که شده بود رو براش تعریف کردیم. اما کاش لال میشدم و نمی گفتم. گریه میکرد عین ابر بهار وکلی جیغ کشید. بی حال و هاج و واج یه گوشه افتاد. از کرده خودم پشیمان بودم و تمام تلاشمو کردیم که ارامش کنم اما بی فایده بود. مقداری که در این حال و هوا موند بلند شد و رفت. وقتی که رفت انتظار فاجعه را داشتم اما سکوت نا جوری حاکم بود. اون شب هیچ اتفاق خاصی نیفتاد و من به خیال خودم که فکر میکردم ارام شده و عاقلانه داره در مورد این موضوع فکر میکنه . کمی سبک شده بودم . احساس کردم رازی رو که داشت نابودم میکرد رو با کسی که مثل خواهرمه در میان گذاشتم و باری از دوشم برداشته شده. روز بعد با صدای ازیر امبولانس و داد و فریاد و صدای گریه های نیما از خواب بیدار شدم. مادرم سراسیمه رفت و منم با پاهای لنگان به دنبالش. نرگس شب قبل خود کشی کرده بود. نرگس فدای دهن لقی و سهل انگاری من شد. کاش چیزی بهش نمی گفتم. کاش دردم رو تنها در دل خودم نگه میداشتم و اونو تحمل میکردم. دویدم توی کوچه وپا برهنه و بدون روسری. پشمم که به سعید افتاد تموم نفرتم رو در صدام جمع کردیم و با تموم وجود جیغ کشیدم و نفرینش کردم. بعد از شب هفت نرگس سعید از اون خونه رفتند. خوشحال بودم که دیگه مجبور نبودم چشمم به اون سگ کثیف بخوره. اما هربار که از در خونه رد میشدم و یاد خاطرات و روزهای خوبی رو که با نرگس داشتم و خنده ها و شادی های

دوران بچگیمون می افتادم دیگه کنترلی به خودم نداشتم و انقدر زار میزدم و خودم رو می زدم تا از حال میرفتم. مادرم هم که این وضعیت دیگه براش قابل تحمل نبود تصمیم به جابه جایی گرفت و از اون محل اومدیم اینجا. الان کمی راحت ترم. ولی خاطرات اون روزهای بد و سیاه هنوز مثل فیلم هر شب برام مرور میشه.

در تمام مدتی که ستاره داشت قصه ی درد و غصه هاشو برام تعریف میکرد منم پابه پاش اشک میریختم. نمی تونستم جلو سرازیر شدن اشک هامو بگیرم. چقدر این دختر در این سن پایین سختی کشیده بود. معلوم بود در دلش قیامتی به پا بود و داشت زجر میکشید و همه زندگیشو باخته بود ولی به روی خودش نمی اورد. راست میگفت مگر او دیگر چیزی برای از دست دادن داشت؟ بیچاره نرگس. طاقت ناراحتی خواهر و دوست عزیزش را نداشت. او حق داشت از مرد ها متنفر باشد. نه پدر مهربانی داشت که پدرانه در اغوش او بزرگ شود و زیر سایه اش باشد و نه برادری که دلگرمی روزهای سختش باشد و نه عمو و دایی هایی که باغیرت و تعصب هم خون خود را بزرگ کنند و مرهمی باشند بر درد های مادر و دختری که بی پناه بودند. و محتاج یاری و دلگرمی انان. مادری که از بس صورت زنها را اصلاح کرده بود و انها را تمیز و راسته به خانه هایشان فرستاده بود تا عزیز همسرانشان باشند در سن جوانی و در اوج زیبایی با کمری معیوب و گردنی که محتاج عمل بود و دستانی که در اثر مواد شیمیایی سوخته بود با افتخار

۱۲۳

زندگی میکرد تا دستش را جلو نا مردانی همچون برادر و برادر شوهرانش دراز نکند. برای ستاره افسوس میخورم. برای تمام دخترها و زنان سرزمینم و همه زنان مورد تبعیض دنیا تاسف میخورم. تمام شب را به ستاره فکر کردم تا صبح گریستم. دلم برایش می سوخت. دلم برای تنهاییش سوخت. دلم برای دل پر از غمش سوخت. روز جمعه زهرا به منزل ما امد. مثل قبلا که خیلی با هم حرف می زدیم و دایم دور وبرش می گشتم خیلی دل و دماغ نداشتم. بعد از خوردن مقدار کمی غذا به اطاقم رفتم و فکر کنم سه یا چهار ساعتی را خوابیدم. رفتارم با خانواده ام عوض شده بود. بیشتر اوقات را در اطاقم سپری میکردم. و با نوشته ها و کتابهایم مشغول بودم. فکر ستاره دیوانه ام میکرد. از طرفی هم نمی توانستم کاری برایش انجام دهم. به غیر غصه خوردن و همراهی. ساعت یازده و نیم شب بود که صدای جیغ زهرا خانه را پر کرد. حاج خانم و من اولین کسانی بودیم که به زهرا رسیدیم. زهرا درد میکشید و وحشت زده جیغ میزد و صورتش مثل گچ سفید شده بود. خون زیادی داشت از بدنش دفع می شد. انقدر زیاد بود که به تشکی که رویش دراز کشیده بود هم سرایت کرد. حاج عباس هم بلند شده بود. سریع لباس پوشیدیم و همگی به بیمارستان رفتیم. حاج عباس به اقا مرتضی زنگ زد تا او هم خودش را سریع به بیماستان برساند. زهرا را به اطاق عمل بردند. بعد از تقریبا دو ساعت گفتند که متاسفانه بچه ی زهرا سقط شده و دیگر نمی شد برایش کاری انجام داد. همگی از شنیدن این

خبر به گریه افتادیم. به غیر حاج عباس که مثل همیشه تسبیح به دست روی صندلی نشسته بود و داشت دانه های تسبیح را بالا و پایین میکرد. زهرا هنوز بیهوش بود. و یک همرا بیشتر نمی توانست کنارش باشد. از انجا که حاج عباس محیط های بیمارستانی را نمی پسندید و من اجاه ماندن را نداشتم حاج خانم همذاهش ماند . من و اقا مرتضی به همذاه حاجی به خانه برگشتیم. عجب اخر هفته ای را گذراندم! هم شنیدن خبر دردناک سقط بچه زهرا و هم قصه ی پر غصه ی ستاره. هر دو ناراحت کننده و درداور بودند. با این تفاوت که زهرا باز می توانست بچه دار شود ولی ستاره دیگر دختری مثل قبل نبود. روز بعد با چشمانی ورم کرده به مدرسه رفتم. ستاره بعد از شنیدن خبر از دست رفتن بچه ی زهرا خیلی ناراحت شد و با من همراهی کرد. زهرا باید چند روزی در بیمارستان می ماند تا حال عمومی اش بهتر شود. یکبار همراه حاجی به بیمارستان رفتم تا زهرا را ببینم. هردو کلی گریه کردیم ولی سعی کردم ارامش کنم و دلداریش بدهم. روز یکشنبه با ستاره قرار گذاشتیم تا به خانه اشان برویم و اخرین قسمت نقاشی را تمام کنیم. ان روز سه ساعتی را روی نقاشی من کار کرد. کارش که تمام شد واقعا لذت بردم. نقاشیبسیار زیبایی شده بود. ایا این زیبا روی داخل نقاشی من بودم؟ خودم را نمی شناختم. صورت ستاره را بوسیدم. هم خوشحال بودم و هم ناراحت. از طرفی سرمست دیدن تصویر ترسیم شده خودم بودم و از طرفی ناراحت که خودم حق داشتنش را نداشتم. چرا؟ مگر چه اشکال

داشت؟ چرا باید از این کار هنرمندانه که نه غیر اخلاقی بود ونه غیر مذهبی محروم می شدم؟ بعد از چند روزی که زهرا از بیمارستان مرخص شد به منزل خودش رفت. و مادرم هم همراهش رفت تا از او پرستاری کند. من بیشتر اوقات تنها بودم. یک روز به سرم زد تا از ستاره دعوت کنم به منزل ما بیاید. قرار شد قبل از رفتن به مدرسه بیاید تا با هم به مدرسه برویم. یک روز که حاج خانم نبود و گروه بعد از ظهری بودیم ستاره به خانه امد. با تحسین به خانه ما نگاه میکرد و از این همه وسایل و دکوراسیونی که حاج خانم به انها می نازید و بارها و بارها چشم هم دوره ای هایش را باتشان کور کرده بود چشمانش متعجب شده بود.

- فکر نمی کردم اینقدر خونتون شیک و با کلاس باشه. اونقدر از خونه ما تعریف کردی فکر می کردم الان توی چه خونه دخمه ای زندگی میکنی. والا تو نا شکری مریم!

- ای بابا وسایل خونه چیه؟ اینجا شده لوکس فروشی. مگه اینا شد زندگی؟

- باشه ولی پول رفاه میاره. الان طلاهاتو ببین . وسیله هات . امکانات. من که فکر نمی کنم هیچوقت بتونم یه گوشواره هم بخرم.

- باید جای من باشی تا بفهمی چی میگم

- نمی دونم . شاید چون من و مادرم سختی زیاد کشیدیم و این طرز فکر وارث کارهای نا نجیب پدرم باشه که الان داره با زن جدیدش خوش میگذرونه و انگار نه انگار دختری مثل منم داره

- عیب نداره بابا. غصه نخور . منم کلی مشکلات دارم. شاید باور نکنی ولی خیلی وقتها به خدا گله می کنم که چرا من جای تو نیستم. حداقلش اینه که تو اجازه داری لباسهایی که دوست داری رو بپوشی . هرجا دوست داری بری. و از همه مهمتر مادرت درکت میکنه. جوونیت رو می فهمه. ولی من چی؟

دو ساعتی را با هم صحبت کردیم و اماده شدیم و با سرویسی که دنبال من می امد به سمت مدرسه روانه شدیم. روزهای اخر سال بود و مردم همه در تکاپوی مقدمات عید. زهرا کمی افسرده شده بود. و زیاد از خانه بیرون نمی امد. خاله مهناز هم خیلی به ما سر نمی زد. می گفت سرگرم کارهای عید است و سرش حسابی شلوغ. مادر کارگر اورده بود. حسابی مشغول کار بودندو خانه را برق می انداختند. بیچاره ها نمی دانم بابت چقدر پول داشتند این کار را می کردند. غرغر های زیر لبی مادرم از یک طرف و سختی کار و بالا و پایین رفتن از پله و کار با مواد شوینده از طرف دیگر و سرمای زیادی که این زمستان در روزهای اخر خود داشت حسابی دلم را برای ان دو زن جوان غمگین میکرد. در عوض چقدر پول جوانیتان را در خانه ی حاج اقاهایی از بین می برید که خوب می دانید بازگشتی ندارد.

چطور نگاههای حیض اقازاده هایشان و لوقوز و لیچار های خاله زنک های انها را در مقابل پاداش اندکی تحمل می کنید. این بود ان حکومت اسلامی که معمار بطزرگ انقلاب در سال ۱۳۵۷ از ان دم می زد؟ این بود ان شعارهای ناب و انقلاب ساز که خون جوانان بسیاری برایش ریخته شد/؟ متاسفانه این انقلاب سرابی بیش نبود. حاج خانم و حاج عباس حسابی سرشان شلوغ بوود. حاجی در مغازه خوب فروش داشت و سرحال به نظر می رسید.

حاج خانم هم که معلوم بود از حرفها و کنایه های من خسته شده بود اما صبوری میکرد و چیزی نمیگفت.

شاید خودش هم میدانست دارم درست می گویم اما اعتراف برای ادم ترسو سخت است. بالای سه میلیون تومان هزینه انداختن ان سفره شده بود. به بهانه شفای زهرا و بچه اش. شفا کجا رفت؟ چرا فقط به فاصله چند روز از انداختن ان سفره و ان خرج و برج بچه ی زهرا سقط شد؟ مگر نه این است که ابوالفضل خودش بنده خداست و شفا فقط در دستان خدا؟ مگر نه این است که تعریف میکنند که ابو الفضل عباس برای خاطر برادرش جان فشانی کرد و انسان نترس و دلیری بوده؟ اما چیزی در مورد صاحب سفره بودن وسفره داشتن جایی نخوانده بودم؟ اگر ابوالفضل شفایی هم داشته باشد ان شفا برای کسی است که واقعا و قلبا از صمیم قلب برای هم نوعانش دعا کند و فقیر و غنی برایش یکی باشد. اگر دل فقیری را شاد کند و

لبخندی به لبهای محتاجی بیاورد خداوند و تابوالفضل هم اگر شفایی داشته باشد حتما دستش را رد نمی کند و خواسته اش را براورده می کند. اما تو ای خواهر دست برادرت را کوتاه کردی . فامیل نزدیک و پاره ی تنت را به مهمانیت دعوت نکردی تا نکند لباس ساده و بی زرق و برق بودشان تو را پیش دوستانت شرمسار کند. دلش را شکستی و خدا وند دلت را شکست. اینها صحبت هایی بود که گاه و بی گاه زیر لبی نثار مادرم می شد. گاهی بر افروخته توجیح می کرد و گاهی خودش را به بی اعتنایی می زد و از کنارش عبور می کرد.

از وقتی که مدرسه تعطیل شده و تعطیلات نوروزی اغاز شد رسما حالم گرفته شد. نمی دانستم چطور دوری ستاره را تحمل کنم. او هم احساسی مانند من داشت. مشخصی بود او هم مرا خیلی دوست داشت. رازهای هم را می دانستیم و حسابی با هم اخت شده بودیم. ستاره به غیر از تلفن ثابت منزلشان موبایل هم داشت که این حسن خوبی بود تا بیشتر با هم در ارتباط باشیم. تعطیلات عید برایم خسته کننده بود. باید دایم از مهمانهای حاج خانم و حاج اقا که غالبا دوستانشان بودند پذیرایی می کردم و یا اینکه پای تلویزیون بنشینم و برنامه های مسخره را ببینم. اما ستاره و مادرش برای تعطیلات هفته دوم به شمال رفتند. مادر و دختر حسابی خوش می گذراندن و زهرا و اقا مرتضی هم هفته اول به کیش رفتند. این سفر بیشتر به بهانه عوض کردن

روحیه زهرا بود. و روز پنجم عید به تهران برگشتند و یکراست به منزل ما امدند. شبرا انجا بودندو روز بعد به منزل پدر اقا مرتضی رفتند. زهرا خودش را با دید و بازدید های اقوام شوهر حسابی سرگرم کرده بود. اما من چه کاری برای انجام دادن داشتم؟ چند باری پنهانی به ستاره زنگ زدم. گفت برای دهم عید تهران خواهند بود. چون نمی خواستند در ترافیک سنگین اخر تعطیلات گرفتار بشوند. روز هشتم عید بود که از کاشان زنگ زدند که خاله ی حاج عباس به رحمت خدا رفته است. حاج خانم و حاجی هم طبق عادت بزرگترای فامیل بارو بندیل جمع کردند تا عازم کاشان شوند. از انها اصرار و از من انکار اما قبول نکردم که همراهشان بروم. واقعا هیچ میلی برای رفتن نداشتم. حاج خانم هم مدام به حاجی می گفت:

- رفتار مریم عوض شده. خیلی خود سر شده . اصلا گوش به حرف نمیده

حاجی هم دایم چشم غره می رفت و دل مرا می لرزاند. اما هیچ نمیگفت. انگار که داشت پرونده سازی میکرد برای روز موعود. بحث سر رفتن من و ماندنم داشت بالا میگرفت که زهرا به دادم رسید و گفت:نگران من نباشند و او خانه ما می ماند تا انها برگردند و مریم تنها نمی ماند.

اینطور بود که از شر یک مسافرت اعصاب خوردکن راحت شدم. البته زهرا با اینکه گفته بود پیش من می ماند اما بیشتر ساعات روز را به دید و بازدید می گذراند و من از این بابت خوشحال بوبدم. در تنهایی لباسهای باز می پوشیدم و موهایم را شانه میزدم و روی شانه ام می ریختم و خودم را ارایش

میکردم. با اینکه بلد نبودم اما دست و پا شکسته جلو ایینه می رقصیدم. برای خودم پیتزا سفارش می دادم و بلند بلند با ستاره حرف میزدم. روز سیزدهم نوروز بر اساس رسم قدیمی و باستانی ایام عید باید مردم به کوه و بوستان می روند و به قولی نحسی را از خانه ی خود بیرون می کنند. زهرا با اینکه خیلی اصرار کرد من هم همراهیشان کنم اما قبول نکردم. چون با خانواده اقا مرتضی راحت نبودم. زهرا برای پیک نیک اماده شد تا اقا مرتضی بیاید دنبالش. ستاره زنگ زد و گفت امروز به چیتگر می روند و من هم اگر دوست دارم می توانم همراهیشان کنم. اول پاسخ منفی دادم ولی بعد از کمی فکر دیدم که بد نیست منم کمی تنوع داشته باشم. حاج خانم و حاج اقا که چند روزی است به کسافرت رفتند و زهرا هم که قرار است با خانواده همسرش به لواسان بروند . پس من ؟ ایا می باید در خانه تنها باشم؟ زهرا که رفت به ستاره زنگ زدم و گفتم تا بعد از ظهر وقت دارم و می توانم همراه انها بروم. فقط به شرطی که مرا زود برگردانند. ستاره از فرط خوشحالی در پوست خود نم یگنجید. در کمتر از یک ساعت بغد همراه انها روانه چیتگر شدیم.

حسابی در راه خوش می گذراندیم. مادر ستاره زن سرزنده و شادابی بود و اصلا با حرفهایش به ما سخت نمیگرفت. صدای ضبط را بلند میکردیم و در راه دست میزدیم و می خواندیم. کلی هم خندیدیم. به سختی جای پارکی پیدا کردیم و وسایل را پیاده کردیم و نشستیم. به اصرار مادر ستاره چادرم

را در اوردم و به جای مقنعه یک شال رنگی به سرم انداختم. اخ که چه احساس قشنگی بود. احساس سبکی میکردم. با ستاره می دویدیمو بلند بلند می خندیدیم. ظهر که شد بساط جوجه کباب خانم محبی به پا بود و خودش با ذوق مشغول کباب کردن جوجه ها بود. انقدر خوش گذشت و شاد بودیم که گذر زمان را نفمیدیم و وقتی متوجه شدم ساعت چهار بعد از ظهر بود. با اینکه خانم محبی و ستاره عجله ای برای برگشت نداشتند اما خستگی را بهانه کردند تا مرا زودتر به خانه برسانند. کلی در ترافیک کعطل شدیم. و به علت دوری مسافت ورد شدن از اتوبانهای طولانی ساعت نزدیک شش بود که به خانه رسیدیم.

وارد حیاط که شدم خشکم زد. انگار اب سرد رو یبدنم ریختند. پاهایم سنگین شد و طبق معمول لال. ماشین حاجی در حیاط پارک شده بود و خودش هم پشت در ورودی سالن انتظار مرا می کشید. صورتش به سیاهی می زد و دایم با دوتسبیح دستش بازی میکرد. به زور خودم را به طرف جلو هل دادم. اارزو کرد کاش حیاط تبدیل به تردمیل شود تا هر چه قدر گام بر میدارم به مقصد نرسم. اما افسوس که من هیچگاه عادت نداشتم به ارزو هایم برسم!

- سلام

پاسخی در جواب سلامم نشنیدم. فقط نگاه خشم الود پدرم را دیدم که از هزاران تنبیه بدنی خطرناک تر بود. سرم را چرخاندم و حاج خانم را دیدم که داشت گریه میکرد و از استرس و دلشوره رنگش زرد شده بود.

- سلام

- کجا بودی؟

- هیچ جا؟

- با کی؟ با کی بودی؟

- با هیچکس. یعنی با زهرا

- با زهرا؟

یکباره زهرا با چشمان اشک الود و قرمز از پشت دیوار اطاق خواب بیرون امد. نفسم دوباره قطع شد. بدبخت شدم. دروغ هم به غیبتم از خانه اضافه شد. تا ان روز پرونده ای به ن سنگینی نداشتم.

- گفتم تا حالا کجا بودی؟

اشک از چشمانم سرازیر شد. هیچ کاری نمی توانستم بکنم و هیچ حرفی نمی توانستم بزنم. فقط گریه بود و گریه. . .

- زهرا ببرش توی اطاقش تا بعد.

پدر با این حرف خلاصم کرد. بعد از یکی دو ساعت تنهایی و کلی گریه و زاری زهرا کگفت که او هم تازه برگشته و حاج اقا و حاج خانم امروز بدون اطلاع قبلی تصمیم می گیرند که از کاشان باز گردند. تا فردا حاج عباس به کارهای بانکی اش برسد. با احضار دوباره ام دردی قفسه سینه ام را گرفت. من اشتباه بزرگی کرده بودم و باید محاکمه می شدم.

- مادرت پرسید کجا رفته بودی؟

- چیتگر

- با کی؟

- با دوستم.

- دو نفری با هم؟

نه مادرش هم بود.

- چرا رفتی؟ چرا چیزی به ما نگفتی؟

- به خدا تنها بودم. وقتی که بهم زنگ زدن خیلی بی حوصله بودم. ستاره دوستم نه بابا داره نه برادر با مادرش زندگی میکنه. رفتیم ناهار خوردیم و برگشتیم.

- میدونی که کارت خیلی بد بوده. تو اجازه جایی رفتن نداشتی. اونا بگن تو نباید قبول میکردی. چیتگر پر از ادمهای هرزه و معتاده. اگه کسی مزاحمتون می شد سه تا ضعیفه تنها باید چیکار میکردین؟

- نه بابا. همه با خانواده اومده بودند کسی مزاحم نشد.

- این بار حاجی صدایش را بالاتر برد و امرانه صحبت کرد.

- یعنی چی؟ این که نشد دلیل. خیلی ها سوار تاکسی میشن برن میوه بخرن سر از بیابونهای اطراف تهران در میارن. چه برسه جاهای پرتی مثل چیتگر. مامانت حق داشت مریم. تو خیلی عوض شدی. همش به خاطر این دخترست. به حسابش می رسم. الانم از جلو چشمام گم شو. تا خودم بیام مدرسه تکلیفتو معلوم کنم.

دیگر حتی نمی توانستم کلمه ای به زبان بیاورم. وقتی که داشتم از کنار حاج عباس رد می شدم با تسبیحی که دستش بود مثل تازیانه به پشتم کوبید. این اولین باری بود که از حاجی اینطور تنبیه می شدم. ضربه ی پشتم را به درد اورده بود ولی دردی که در دلم داشتم خیلی بیشتر بود. قلبم شکست و غرورم پایمال شد. ان شب تب و لرز به سراغم امد تا صبح هزیان میگفتم و جیغ می کشیدم. صبح روز بعد که حاج عباس بیرون رفت من و زهرا به سراغ حاج خانم رفتیم و با کلی گریه و زاری و التماس از او خواستیم نگذارد حاج عباس به مدرسه بیاید. اگر حاجی به مدرسه می امد ابرویم میرفت. همه طور دیگری روی من حساب می کردند و با این کار

۱۳۵

حاجی نه تنها ستاره را از دست می دادم بلکه دیگر جلوی معلمان و دوستانم بی ارزش می شدم. انقدر گفتم و گفتم و اشک ریختم و التماس کردم تا دل حاج خانم به حالم سوخت و قرار شد که حاج عباس را راضی کند تا به مدرسه نیاید. و همه چیز به خیر بگذرد. البته با شرطی و شروطی. قطع رابطه با ستارهو تنها نماندن در منزل! انقدر از ابرو ریزی داخل مدرسه می ترسیدم که انها را قبول کردم اما از همه برایم ناگوارتر این بود که نمی توانستم دوری ستاره را تحمل کنم. و دوستی ام را با او به هم بزنم. او همه چیز من بود. همهی ماجرا را برایش تعریف کردم و قرار شد دیگر به منزل ما تلفن نزد و فقط در ساعات مدرسه با هم باشیم. احساسی که من به او داشتم او هم متقابلا به من داشت. اما انگار من بسیار وابسطه تر بودم. خیلی وقت بود رضا را ندیده بودم . حسابی دلم برایش تنگ شده بود. حتی در این چند هفته اخیر در نزدیکی مدرسه هم ندیده بودمش. و هربار رعنا و خاله مهناز به خانه ما می امد رضا همراهشان نبود. بعد از ان اتفاق رفتار پدر و مادرم با من بسیار سر سنگین شده بود. انگار حکومت نظامی کرده بودند. مگر من چه کرده بودم. ؟ خلاف شرع که نکرده بودم. یک تفریح سالم با دو تا خانم. طوری با من رفتار می شد انگار با نامحرم بودم! فقط زهرا بود که هوای من را داشت. و با من همدردی میکرد. نزدیک امتحانات بود و من حسابی درس می خواندم. نه به خانه ما تلفنی می شد نه من با کسی کاری داشتم. هر جا حاج خانم می گفت همراهش می رفتم. و حسابی تحت فرمان

بودم. می خواستم به انها بفهمانم ریگی در کفشم نیست و نه من و نه خودشان را اذیت نکنند. یک روز خاله مهناز و رعنا به انجا امدند و من و رعنا طبق معمول به اطاق من رفتیم. چون انجا احساس راحتی بیشتری می کردیم. رعنا از طرف رضا برایم پیغامی اورده بود.

- مریم جان رضا گفته بهت بگم هر چی بینمون بوده دیگه تمومه. من فکرامو کردم . ما به دردهم نمی خوریم. متاسفم که باید اینو بهت بگم ولی دیگه به من فکر نکن . زندگیتو یه جور دیگه دنبال کن بی من.

سرم گیج رفت. لبه ی تخت نشستم و خشکم زد.

- رضا اینارو گفت؟ مطمئنی؟

- اره . معرت مریم. نمی خواستم بهت بگم ولی رضا اصرار داشت بدونی. نمی دونم چش شده. زده به سرش

- چرا؟ اخه چرا؟

- نمی دونم به خدا منم گیج شدم. مدتیه اخلاقش عوض شده. به منم حرفی نزده. ولش کن اصلا. رضا هنوز بچه است. دائم تصمیم میگیره و میزنه زیرش. خودش دوباره پشیمون میشهوجدی نگیر

دیگر سکوت بود و بس! نمی توانستم حرفی بزنم. یعنی حرفی برای زدن نداشتم. رضا اب پاکی را روی دستم ریخته بود. او که به من ابراز علاقه کرده بودو می گفت مرا دوست دارد و حتی در اغوشم گرفت و گفت عاشق من

است الان چه شده بود؟ مگر چه عیبی داشتم که پشیمان شده بود. ؟ اینها سوالاتی بود که در ان لحظه از خودم می پرسیدم. او را یک بی رحم بی معرفت دیدم. لعنت به تو لعنت به همه ی مردهای دنیا. چطور به بازی با احساسات من راضی شود؟ من که در عمرم جرات نگاه کردن به هیچ پسری را هم نداشتم و با قلب و دلی پاک و زلال مهر رضا را در خودم پروش دادم و از صمیم قلب دوستش داشتم. اما نه. رضا پسر خوبی است. پسری مومن و نجیب که از بچگی با هم بزرگ شده بودیم و من می شناختمش. اهل دوز و کلک نیست.

انگار نمی خواستم ان حرفها را باور کنم. گیج و منگ شده بودم. وقتی که با زهرا و ستاره در میان گذاشتم ستاره با من همدردی کرد و گفت مریم جان تمام مردهای دنیا روباه صفتند و فکر فریب زنان هستند و این طبیعت انهاست. ولی برخلاف ستاره زهرا میگفت شاید رضا می خواهد موضوع را منتفی شده ببینی تا یک وقت دردسری برای هر دو نفرتان به وجود نیاید. بعد که به سربازی رفت و برگشت رسما به خواستگاری ات بیاید و انطوری غافلگیرت کند. رضا ادم دروغ گویی نیست. حتما برای کارش دلیلی داشته است. حرفهای زهرا ارامم کرد. شاید واقعا رضا به خاطر من اینگونه وانکمود کرد که دیگر چیزی بین ما نیست. نکند برای من مشکلی پیش بیاید. . نمی دانم شاید. در زمان امتحانات فقط دو ساعتی را می رفتیم به مدرسه و برمیگشتیم. کلاسی نداشتیم که بخواهد برگزار شود. یکی دوبار به بهانه

امتحانات بیرون رفتیم. دوری زدیم و داخل پارک نشستیم. در حد یک بستنی خوردن. و بازی با گوشی موبایل ستاره که پنهانی با خودش به مدرسه می اورد. تصمیم گرفتم یک گووشی بخرم. شبها با ان در اطاقم بازی کنم و با دوستانم ارتباط داشته باشم. فکر کردن به ان که چند وقت بعد مدرسه تعطیل می شد و تابستان از راه می رسید دیوانه ام میکرد. چطور می شد دوری ستاره را تحمل اورد/؟ تعدادی از امتحانات را داده بودیم و تعدادی نیز باقی مانده بود. بعد از امتحان عربی به پیشنهاد ستاره قرار بود به بازار برویم و تعدادی گوشی ببینیم. از خیابان فرعی مدرسه که رد شدیم راه رفتن دو عابر که جلونر از ما بودند توجه ام را جلب کرد. چقدر به نظرم اشنا امدند. ستاره هم رد نگاه مرا گرفت . او هم مثل من به فکر فرو رفت. وای خدای من این رضااست؟ ایا این رضا است که دست در دست این دختر خوشحال و شادمان دارد راه می رود؟ ان دختر که بود؟

ازیتا. یکی از بچه های مدرسه که در رشته تجربی داشت درس می خواند. اشک در چشمانم حلقه بست. کنترل پاهایم را نداشتم. ستاره با دلشوره به من نگاه میکرد و دستم را محکم در دستش گرفته بود.

با تمام قدرتی که داشتم بامش را فریاد زدم. رضا هراسان برگشتو وقتی که مرا دید گویی به برق وصلش کرده بودند. گاهی بدنش می لرزید و گاهی خشک و بی حرکت مثل ادم اهنی فقط به من زل می زد و نگاه میکرد. هیچی نمی توانست بگوید. مخصوصا وقتی که هنوز دست ازیتا در دستانش

بود. با دست پاچگی تمام دست ازیتا را کشید و با سرعت هر چه تمام تر به داخل کوچه ای پیچیدند و از نظر دور شدند. با رفتن انها گریه های بی امان من شروع شد. بی حال به گوشه ای افتادم. حال ستاره هم دست کمی از من نداشت. چرا که او عادت داشت هر وقت من گریه کنم گریه کند و هر وقت بخندم بخندد!

نمی دانم دقیق چه تایمی را اینگونه سپری کردم. فقط می دانم ستاره از یکی از خانم های ساکن انجا اب قند گرفته بود و می خواست ان را به زور در گلوی من بریزد. کمی از ان را که خوردم انگار بهتر شدم. بلند شدم و به ارامی شروع به حرکت کردم. ستاره هم بعد از تشکر از ان خانم خود را به من رساند و دست مرا محکم در دست خودش گرفت. بعد از کلی پیاده روی بی حاصل به مدرسه برگشتیم و با سرویس به خانه رفتم. انقدر حالم بد بود که هر کس مرا می دید در نگاه اول متوجه حال روحی خراب من می شد. سریع به اطاقم رفتم و تنها کاری که می توانستم بکنم خوابیدن بود. وقتی که بیدار شدم ساعت چهار بعد از ظهر بود . مادرم گفت دوبار برای بیدار کردنم امده اما اینقدر خوابم عمیق بوده که متوجه نشدم. در عوض این خواب عمیق بعد از ظهر بی خوابی شبانه به سرم زد. ان شب با فکر زیاد پاسخ تمام سوالات خودم را پیدا کردم. پس رضا برای عشق بازی و هیجان های بیشتر یکی دیگر را پیدا کرده بود . روزهای پنجشنبه که مثلا برای دیدن من می امد شروع به دید زدن بقیه کرده بود و ان موقع ازیتا را دیده

بود و با هم دوست شده بودند. هیچ فرضیه ای بهتر از این نمی توانستم پیدا کنم. چه جالب! در حال پاسبانی از عشقت باشی و با تمام قدرت از او پاسبانی کنی و در همان حال دیگری با گذری بیاید و قلبت را بدزدد و در این موقع دست از عشق قدیمیت برداری و مشغول پاسبانی از عشق جدیدت بشوی!

مثل یک سگ نگهبان. نه سگ نجیب است. شرف دارد به رضا. او ابراز عشق کرد و با عشق و محبت خود دیوانه ام کرد و من که به اینده مان امید بسته بودم و او را همسر اینده ام می پنداشتم رکب خوردم و نا امیدانه در گوشه ی اطاقم کز کرده ام و باز داشتم به او فکر می کردم. فکر میکردم حداقل همسر اینده ام را خودم انتخاب کرده ام و زندگی ام با عشق شروع می شود و نه مثل زهرا با غم. اولین و اخرین بار بود که به جنس مذکر علاقمند شده ام و کلا عاشق شدم. فهمیدم که حرفهای ستاره درست است و هیچ مردی ارزش عشق و علاقه ما را ندارد. باید بی رحم بود که اگر نباشی با تو بی رحمی می کنند. تصمیم گرفتم هیچگاه ازدواج نکنم و به هیچ جنس مخالفی اجازه نزدیک شدن به حریم احساسیم را ندهم. ازدواج نکنم حتی اگر به قیمت جانم تمام شود. هروز که از ان موضوع می گذشت به ظاهر ارام تر می شدم ولی در درونم اتشفشانی بودم که هر لحظه امکان فوران داشت. شاید من و رضا روابط مختصر و محدودی داشتیم اما همان هم برای من که دختر چشم و گوش بسته ای بودم و جرات نگاه کردن به هیچ غریبه ای را

نداشتم و در یک خانواده مذهبی و بسته ای بزرگ شده بودم از خود گذشتگی بزرگی محسوب می شد و رضا خودش به خوبی این را می دانست. شاید اگر یک پسر غریبه این جفا را می کرد انقدر نمی رنجیدم که دلم از رضا شکست. همبازی دوران کودکی و نوستالژی ایام خوب بچگی ب جور من را شکست!

بعد از اینکه ماجرا را برای زهرا تعریف کردم او هم بسیار ناراحت شد. و از اینکه رضا این خیانت عاطفی را در حقم کرده بود بسیار رنجید. با این روحیه خراب و اتفاقات بدی که داشت پشت سر هم می افتاد دیگر دوری از ستاره غیر ممکن بود. کاش تعطیلاتی نبود. کاش تا ابد امتحان بود و درس فقط ستاره کنارم بود. چون پدرم معاشرت با ستاره را ممنوع کرده بود حتی نمی توانستم او را به خانه دعوت کنم و طول تابستان از حال هم با خبر باشیم. چرا من نمی توانستم دوستانم را به خانه دعوت کنم؟ چرا باید همه بئ باشند و من همیشه از دیگران دوری کنم و بترسم؟ دیگر نمی خواستم هر طوری که انها می خواهند زنگی کنم. می خواستم خودم باشم. می خواستم انسان ازادی باشم که خودش حق انتخاب و تصمیم گیری دارد. اخرین امتحان من امتحان بینش اسلامی بود که خیلی سریع برگه را تحویل دادم و به حیاط رفتم. ستاره داخل حیاط منتظرم بود. تصمیم گرفتیم به بیرون برویم و گشتی بزنیم. به چند موبایل فروشی سر زدیم و گوشی های مختلف رادیدیم. یک گوشی ساده خریدم. همراه یک سیم کارت

اعتباری. وقتی که گوشی را روشن کردم از خوشحالی جیغ زدم. داشتن یک گوشی همیشه برای من ارزو بوده و الا ن به این ارزو رسیده بودم. دیگر هر وقت دلم می خواست می توانستم با ستاره در تماس باشم. با اینکه امتحانات تمام شده بود تصمیم این بود که یکی دو جلسه اضافه تر به مدرسه برویم. وقتی که به خانه رسیدم حاج عباس رسیده بود. وقتی که زیر چشمی به من نگاه میکرد دوست داشتم زمین دهان باز کند و مرا ببلعد. چرا نگاه پدرم همیشه انقدر تیز بود؟ چرا مهربان نبود؟ قدم هایم را تند تر کردم و سریع به اطاقم رفتم. صدای گوشیم را قطع کردم و انرا زیر تشک تختم پنهان کردم. لباسهایم را عوض کردمو به بیرون رفتم. هنوز همان نگاه پدرم در تعقیبم بود. به اشپزخانه رفتم . حاج خانم برایم غذا کشیده بود. لوبیا پلو. برعکس حاجی مادر خیلی عادی و خوش رو با من رفتار کرد. برایم سالاد اورد و کنارم نشست. می دانستم اتفاقی افتاده است اما چه نمیدانستم. بعد از خوردن ناهار از مادر تشکر کردم و به اطاقم برگشتم. می خواستم بخوابم که مادرم به اطاقم امد.

- مریم خوابی؟

- نه می خواستم بخوابم. بیا تو

به احترام مادرم بیدار شدم. خرمن موهایم را که باز کرده بودم با دست جمع کرده بودم و به یک طرف شانه ام انداختم. مادر اول به طرف پنجره رفت و بعد در اهنی که اطاقم را به حیاط متصل می کرد را چک کرد که ببیند در

قفل است یا نه؟ مطمن که شد کنار من نشست. منم همان طور داشتم مادرم را با چشم تعقیب می کردم. انگار می خواست حرفی بزند اما داشت وقت می خرید تا کلمات را در ذهنش سبک و سنگین کند.

- چیه مامان؟ چی شده؟

- هیچی کاری ندارم

- اره فهمیدم. چی می خواید بگید؟

- راستش اره. می خواستم یه چیزی بگم. امروز صبح خاله مهناز اومد اینجا

- خوب این چیزی نیست . اون همیشه میاد اینجا . اونا که مثل ما نیستند!

حرفم که به اینجا رسید مادر چشم غره ای نثارم کردو صورتش را به سمت دیوار برگرداند.

- اره اما نه برای مهمونی. اومده بود برای خواستگاری از تو. تورو خواستگاری کرد برای رضا.

اولین جمله ای ان موقع در ذهنم پیچید این بود من چقدر بدبختم! . دستهایم یخ کرده بودند. با دهانی باز و چشمانی گرد شده به دهان مادرم چشم دوخته بودم. اخر این چه عذاب جدیدی بود بر سر من نازل شده بود. ؟ خداوندا. . . .

- شما چی گفتین؟

- فعلا جوابی که ندادم. گفتم باید با حاجی مشورت کنم. به بابات گفتم اونم راضیه. میگه رضا بچه ی سالم و خوبیه. چشم و دل پاکه. فامیل هم هستیم و از همه چیز هم خبر داریم. منم که حسابی دلم راضیه. خواهرزاده خودمه. خیلی هم برام عزیزه. شماهم که از بچگی با هم بزرگ شدین و همو میشناسین. انشاالله که خیره.

- همین؟ همه ی رو زدین و بریدین و دوختین. پس من چی؟

- نه نظر تو هم خیلی مهمه. ولی حاجی تصمیم بد نمی گیره. دیدی که زهرا از زندگیش راضیه و مرتضی هم چقدر پسر خوبیه. مطمینم اینم خوب در میاد. فردا هم می خوام به خالت زنگ بزنم و برای اخر هفته قرار بزارم. حالا بخواب منم برم.

مادرم پشت سر هم حرف می زد و بعدم بدون اینکه نظرم رو بپرسه رفت و در را پشت سرش بست!

بالاخره از بلایی که می ترسیدم به سرم امد. به سرنوشت زهرا گرفتار شدم ولی با این تفاوت که من هزار بار از او بدبخت تر بودم. در شرایطی که هیچکس از رابطه به هم خورده من و رضا خبر نداشت. رضا هم با دختر دیگری دوست بود و هم رضا بد بخت بود و هم من. می دانستم که با این خواستگاری دیگر همه ی درها را به روی ما بسته است و حتی نمی توانم دفاعی را که برای زهرا کردم برای خودم هم بکنم و رضا هم که به خاطر پدر و مادرش و رابطه ی محترمانه اشان با حاج عباس حسابی معذب می

شد دست و پایش به زنجیر بود. ان روزی که هر کدام از ما نه می گفتیم باید زودتر قبر خودمان را می کندیم و زنده زنده درونش می خوابیدیم. منطق به هیچ عنوان جواب نمی داد. وای از دست این پدر و مادران خودخواه و ظالم. ایا به راستی خودشان فراموش کرده اند که زمانی جوان بودند و درشرف ازدواج و تصمیم گیری برای اینده. ! ؟ نفسم بند امده بود و انگار همان جا مرا با برق هزار وات خشک کرده باشند. نه می توانستم حرف بزنم و نه تکان بخورم.

رضا. . . خواستگاری. . . ازدواج. . . .

دقیقه هایی طول کشید تا خون به دستها و صورتم برگشت. کم کم توانستم انگشتهایم را تکان بدهم. همین طور پاهایم را. روی تخت دراز کشیدم. به سقف اطاقم خیره شدم. اشک بار دیگر به دادم رسیدواحساس زنده بودن کردم. مزه ی نمکی اشک را در دهانم حس کردم. کاش مرده بودم. کاش همان هموقع می خوابیدم و دیگر بیدار نمی شدم. با مردنم نه زندگی کسی تمام می شد و نه دنیا به اخر می رسید. فقط یک تنسان به دردنخور و اضافی از دار دنیا کم می شد و جای ادم های خوشبخت در دنیا باز تر.

اخ رضا ازت متنفرم. جای ان عشق زیبا و پاک را تنفری گرفته بود وصف ناشدنی. زندگی را سیاه کردی. اگر ان یپیشنهاد را یک پیش به من داده بودند الان از فرط خوشحالی بیهوش شده بودم و لی الان دارم از شدت

ناراحتی گریه میکنم و زار می زنم. یاد گوشی موبایلم افتادم. بلند شدم و در اطاقم را قفل کردم و گوشیم را ازیر تشکم در اوردم و سرم را زیر پتو کردم.

- الو

- الو ستاره سلام

- سلام مریم. سوپراایز. اولین زنگ رو زدی تبریک میگم . مبارکت باشه

در میان اشکهایی که سرازیر شده بودند ستارهرا فرشته ای یافته ام که اغوشش را برایم باز کرده بود تا درد هایم را مرهم بگذاردو مرا به انچه می خواستم اجابت کند.

- ستاره بدبخت شدم

- چرا چی شده؟

لحن ستاره یکباره عوض شده بودو استرس و نگرانی را می شد به راحتی در صدایش دید. خیلی ارام و با احتیاط حرف می زدم. اگر فقط یک کلمه از حرفهایم را می شنیدم دیگر زندگیم جهنم بود.

- دارم دیونه می شم. نمی دونم چیکار کنم؟ قسم می خورم اگه این اتفاق بیفته خودمو می کشم.

- میگی چی شده یا نه؟ منو کشتی

- خاله مهناز از من برای رضا خواستگاری کرده

- خوب؟

- بابا هم راضیه. می خوان اخر هفته قرار بزارن

- وا! یعنی چی؟ پس خودت چی؟ تو که راضی نیستی هستی/؟

- من ؟ من اگه اهمیتی داشت نظرمو حرفم ارزش داشت که اینقدر ناراحت نبودم. یه نه می گفتم و خودمو راحت می کردم. ولی متاسفانه قدرتهای بزرگ تصمیمشو نو گرفتن و کلی از این قضیه خوشحالن.

- ای داد بی داد. حالا می خوای چیکار کنی؟

- خودمو می کشم. نمی زارم این وصلت سر بگیره. نه من دیگه رضا رو می خوام نه اون دلش با منه.

- خودمو می کشم که نشد حرف! از تو بعیده. باید مقاومت کنی. حتی شده ترک تحصیل کنی و یه دل سیر کتک بخوری نباید قبول کنی. بالاخره کوتاه میان و همه چیز درست میشه. الانم اینقدر گریه نکن. حال منم خراب کردی. به خدا بدنم به لرزه افتاد. سعی کن یکم بخوابی. باشه؟

- باشه پس تا بعد.

گوشی را که قطع کردم و بعد از کلی فکرهای درهم و برهم به خواب رفتم. ساعت ده شب را نشان می داد که بیدار شدم. کسی داشت دستگیره در را باز و بسته می کرد و بعد صدای حاج خانم را شنیدم که اسمم را صدا می زد. گوشی را زیر تشک قایم کردم و در را باز کردم.

- چیکار داری میکنی؟ چرا درو قفل کردی؟

- هیچی خواب بودم. الان بیدار شدم.

بیا شام بخور. تا الان می خوابی شب خوابت نمی بره. باید تا صبح شب زنده داری کنی. بیا. بیا شامت رو بخور

بدون اینکه جوابی بدم دوباره به اطاقم برگشتم. موهایم را بستم و دامن دراز و بی ریخت همیشه روی شلوارم کشیدم و روسری را به سرم انداختم. بدون توجه به کسی و اطرافم به دستشویی رفتم. از دستشویی که بیرون امدم دوباره به اطاقم رفتم و در را محکم به چهارچوب دیوار کوبیدم. چند ثانیه ای نگذشته بود که حاج خانم با پرخاش به اطاقم امد.

- چرا درو می کوبی؟ این چه رفتاریه؟ مگه دره طویله است؟ بیا غاتو بخور

- نمی خورم. اشتها ندارم

- یعنی چی؟ از بعد از ظهر تا حالا خوابیدی الانم که اینطوری داری با من حرف می زنی. دیوونه شدی؟

ببخشید ولی نمی خورم. سرم درد می کنه

- به جهنم که نمی خوری

با اینکه مرا به خاطر کوبیدن در توبیخ کرده بود خودش هم همین کار را کرد و رفت. صدای گفتگوی حاج عباس را با مادرم می شنیدم.

- فکر می کنم ناراضیه.

- برای چی؟

- برای خواستگاری دیگه. حاجی این دختر نمی خواد با رضا ازدواج کنه. از وقتی این حرفو بهش گفتم انگار زده به سرش

- بی خود کرده. این جا هر کی هرکی که نیست. خونه صاحاب داره. بزرگتر داره. باید اصلا بهش نمی گفتی. غافلگیر می شد بهتر بود.

- نمی دونستم. فکر میکردم الان خوشحالم میشه. اینا از بچگی باهم بزرگ شدن.

- ولش کن محل نده. چون بچه بوده خیلی محبت دیده الان لوس و ننر بار اومره. اینا خام ن. نمی دونن صلاحشون توی چیه. مگه زهرا نبود؟ خیلی نچیب و سنگین رفتار کرد و الانم خیلی از زندگیش راضیه. اینم خوب میشه اولشه داره مقاومت می کنه. از رضا بهتر کیه؟ یه مشکل سربازی داره که وقت زیاده درست میشه.

بعد از شنیدن حرفهای انها خودم را مرده ای فرض کردم که در گور دراز کشیده و داشتند برایش عذاداری می کردند. مرگم را پزشک قانونی خودکشی اعلام کرده بود. حاج عباس رادیدم که با تسبیح همیشگیش بالای سرم ایستاده بود و داشت نفرینم می کرد و مادرم هم از ترس حاجی جرات نمی کرد بلند گریه کند و برایم مانند مادران داغدیده سوگواری کند. عینک

سیاه به چشم زده بود و چادرش را تا بالای عینک پایین کشیده بود و دهانش را محکم پیچیده بود تا حاجی صدای گریه اش را نشنود. اما باز هم زهرا . زهرا رادیدم که مانند ابر بهار گریه می کرد و مرا صدا می زد. مانند خواهری مهربان سوگوارم بود و از صمیم قلب ناله می کرد. با تصور صورت گریان زهرا اشک از چشمانم سرازیر شد. تحمل ناراحتی و تنهایی اش را نداشتم. بعد از مرگ من او خیلی تنها و بی کس می شد. اما هیچ راهی نبود فقط یک راه ان هم اینکه رضا با این وصلت مخالفت کند. رضا اگر مخالف ازدواج با من بود دیگر کسی از من انتظار موافقت را نداشت و همه چیز حل و فصل می شد. اما چطور؟ رضا باید مخالف صددرصد باشد. او کس دیگری را دوست داشت و من انرا به عینه دیده بودم. او حتی از طریق رعنا برایم پیغام فرستاده بود که دیگر به او فکر نکنم و به دنبال زندگی تازه ای با شخص دیگری باشم. محال بود به خواستگاری من بیاد. حدس زدم او هم الان دارد با خانواده اش می جنگد و حتما تا به حال مخالفت خودش را اعلام کرده است. . . . با به یاد اوردن صحبت های رضا و فکر به این موضوعات خیالم تا حدی راحت شد.

ارام گرفتم. انگار این افکار نصف مشکلاتم را حل کرده بود. تا صبح با ستاره پیامک بازی کردیم. همهی احساسم را برایش نوشتم و او هم همراهی ام می کرد. انگار او هم ارام شده بود. ما یک روح بودیم در دو بدن. ستاره نیمه گم شده من بود. با اینکه زهرا را هم داشتم و بسیار دوستش دارم ولی ستاره

برایم چیز دیگری بود. نمی خواستم تحت هیچ شرایطی او را از دست بدهم. حتی به قیمت جانم. صبح روز بعد مادرم توقع داشت مرا غنپمگین و عصبانی ببیند. حاج عباس هم به زور جواب سلامم را داد. اما من برعکس شب قبل خیلی خونسرد و ارام بودم. سعی کردم موضوع را تمام شده بدانم و فراموش کنم اصلا همچین پیشنهادی هم بوده است! خیالم از بابت رضا راحت بود. می دانستم او هیچ وقت برای خواستگاری از من راضی نمی شود. پس بدرفتاری من با خانواده ام اشتباه بود. به نفعم نبود. به حمام رفتم و دوش گرفتم. موهایم را به سختی شانه زدم. یاد زهرا و دوران هم خانگی ایمان با هم افتادم. یاد روزهایی که موهایم را شانه می زد. در کارهای خانه به مادرم کمک کردم. نم نم باران بهاری شروع شد. حاج عباس به بازار نرفت. می خواست به قول خودش استراحت کند ولی تمام مدت تلفن در دستش بود. به بدهکار و طلبکار زنگ می زد و یا تاریخ چک هایش را یاداوری می کرد و یا انها را به عقب می انداخت. به یاد دارم با لحنی تند با یکی از بدهکاران خود حرف زد که موبه تنم سیخ شد. چنان برسر این بدبخت مادر مرده نهره کشید که لیوان اب از دست حاج خانم افتاد و من قلبم به لزره نشست. حاج عباس به غیر از تجارت خرید و فروش خانه هم می کرد و کلی مستاجر داشت. نمی دانم . شاید این از برکت حاجی شدن بود. چون زیاد شنیدم هرکس که مکه می رفت و حاجی می شد خسیس و بخیل می شدو مال دنیا برایش عزیزتر. اما مگر نه این است که خداوند حج

را قرار داد تا با کفن پوشیدن و عبادت کردن از دنیا و مال و مقام دوری کنی ولی چرا هر ایرانی که به عربستان می رفت گداتر از قبل باز می گشت. یادم است که اولین باری که حاج عباس به مکه می رفت من پنج یا شش ساله بودم. کلی سوغاتی با خودش اورده بود. بعدها فهمیدم که انها سوغاتی نبودند و جنس های زاپنی و چینی بودند. در عربستان این جنس ها ارزان تر بودو انها را اورده بود تا اینجا بفروشد و سود کند. بار دوم هم به مکه مشرف شد کلی وسایل برقی و توپ های پارچه برای فروش اورده بود که زحمت فروش انها به عهده حاج خانم بود و همه ی خانم باجی های دوست و اشنا و همسایه می امدند و انها را می خریدند.

لعنت بر این مال دنیا که همه را بیچاره و معتاد خودش کرده است. حاج عباس نه به نماز شب خواندن و روزه های مستحبیت و نه به طریقه ی کسب و کارت! البته از شخصیتی مثل تو بیش از این انتظار نمی رفت. کسی که دخترانش را برده خویش کرده و خودش را مانند خدا مالک بر حق و تصمیم گیرنده ی انها می داند و کسی که سالهاست یک شب را کنار زنش نخوابیده و فقط وقتی که به او نیاز جنسی دارد به اطاقش می رود و بعد او را تنها می گذارد و دوباره به خلوت مردانه خودش می رود. فکر می کنم که اگر حاجی در افغانستان یا در سوریه به دنیا می امد حتما یا جزو گروه تروریستی طالبان می شد یا جزو مثلا مسلمانان افراطی داعش. غیر از اینها نمی توانست باشد. برای ناهار زهرا به انجا امد. خوشحال شدم. ناهار که

خوردیم به اطاقم رفتیم و دراز کشیدیم. خیلی با هم درددل کردیم. برای زهرا ماجرای خواستگاری رضا را تعریف کردم. همه ی خون بدنش انگار در صورتش جمع شده بود.

- تو چی گفتی؟

- هنوز هیچی. فقط با رفتارم نشون دادم که راضی نیستم.

- اما تو خودت می دونی اینا چه رفتاری دارند. حاجی دست از سرت بر نمی داره

- می دونم. ولی یادت نرفته که چی گفتم؟ رضا یکی دیگرو دوست داره و باهاش در ارتباطه. اونم دیگه منو نمی خواد. و میدونه که من دیدمشون. حتما الان با خانواده اش درگیره. اونم راضی نمی شه با این گندی که بالا اورده بیاد خواستگاری من

- اره می دونم. ولی مریم یادت باشه. رضا پسر با عرضه ای نیست. نمی تونه در مقابل خواسته مادرش از خودش دفاع کنه. حاجی اگه رو دنده لج بیفته تا اخر هفته می فرستت خونه بخت خواستگاری پیشکش.

- رعنا هم جریان رو می دونه. این موردش فرق داره. مطمینم جرات نداره بیاد خواستگاری. چون برای خودشم بد میشه

- خودت می دونی . چی بگم. ولی من خیلی می ترسم. نمی خوام بلایی که سر من اومد سرتوهم بیاد. البته بازم شرایط من بهتر بود. تو حالا می دونی دلش باهات یکی نیست و نمی تونی با این موضوع کنار بیای

- اره ناراحتی منم اینه که ما هیچکدوم همدیگرو نمی خوایم. ولی حتی اگه به قیمت جونم تموم بشه این کارو نمی کنم.

غروب که زهرا رفت با اینکه کاری نداشتم توی مدرسه وانمد کردم که کار دارم و باید یکسری به مدرسه برم. تحمل ماندن در خانه را نداشتم. من عاشق ستاره بودم. به معنای واقعی. دوری و ندیدنش سخت بود برام.

888

سرم را که از روی نوشته های مریم برداشتم ساعت دوازده و سی دقیقه را نشان می داد. خیلی دیرم شده بود. نزدیک بازگشت محمود و رها بود و من باید ساعت یک در دفتر روزنامه باشم. سریع برگه هارا جمع کردم و به اش زخانه رفتم. بعد از نوشیدن لیوانی اب و ناخنکی به قابلمه غذا سریع اماده شدم و به طرف دفتر روزنامه حرکت کردم. ساعت بعد از ظهر بود که به خانه برگشتم. رها خوابیده بود و محمود اماده رفتن به سر کار بود.

- سلام محمود جان

- سلام خانم خوبی؟ خوبه برگشتی. داشتم می رفتم.

- اره کارم تموم شد اومدم. چقدر امروز سرد بود. لباس گرم نداشتم. بدنم یخ کرده

- بیا بشین کنار بخاری. بشین یه چایی برات بیارم.

- باشه. لطف بزرگی میکنی. باید یه ماشین بگبرم. رفت و امدم سخت شده.

- بله حتما. خدا برسونه چشم

چایی که برایم اورد رفت. کنار بخاری دراز کشیدم. کمی گرم شدم چایی را سر کشیدم. بلند شدم و یک چایی دیگر برای خودم ریختم. چایی دوم حسابی سرحالم کرد. لباسهایم را عوض کردم. باقی برگه های مریم را روی میز دیدم. امروز اگر تا صبح هم بیدار می ماندم باید انها را می خواندم. دیگر وقت زیادی نداشتم. باید برای این موکل نوجوانم کاری می کردم. خانواده اش نگران تصمیم من بودند. دست نوشته ها را اوردم و همان جا کنار بخاری دراز شدم و مشغول خواندن داستان پر حادثه مریم کردم.

888

در مدرسه وقتی که ستاره را دیدم محکم در اغوشش کشیدم. انگار ماهها بود که او را ندیده بودم. او هم از دیدنم خیلی خوشحال شد. از سوالاتی که پرسیدم فهمیدیم که دو هفته دیگر اعلام نتایج است و کارنامه هارا می دهند. یعنی امروز که می گذشت دیگر ستاره را نمی توانستم ببینم تا دو هفته بعد. دلم خیلی گرفت. . ستاره هم حال و روز خوبی بهتر از من

نداشت. . تا خانه انها پیاده روی کردیم. به خانه که رسیدیم مادر ستاره در خانه بود و می خواست به ارایشگاه برود. بعد از احوالپرسی و کمی و گفتگو در مورد در سها و امتحانات خداحافظی کرد و رفت. لباسهایم را در اوردم و انها را به چوب رختی اویزان کردم. تاپ سفیدی به تن بود که همیشه زیر لباسهایم در منزل خودمان می پوشم. و موهایم را بالاس سرم جمع کردم. عکسم را که به دیوار اطاق خواب ستاره بود خیلی دوست داشتم اما با هر بار نگاه کردنش حسرت همه ی وجودم را می گرفت و این سوال در ذهنم می پیچید که چرا خودم نباید انرا داشته باشم؟ روی کاناپه داخل سالن نشستم و ستاره با یک لیوان شربت پرتغال از من پذیرایی کرد. دامن موتاهی به تن کرده بود و با یک تاپ قرمز زیبا و صورت ی به ان بی نقصی مانند هنرپیشه های سکسی هالیوود شده بود. اندام زیبایی داشت. پاهای ماهیچه ای کشیده با پوستی به رنگ برف و موهایی مواج و دلفریب. پشت پیانوی مادرش نشست و شروع به نواختن قطعه ای موسیقی ارام و کلاسیک کرد. چقدر زیبا می نواخت. تا ان موقع پیانو زدنش را ندیده بودم. انگشتان زیبایش ارام ارام روی دکمه های ریلی شکل پیانو بالا و پایین می رفتند و لبخند شیرینی که گاهی اوقات لبانش را پر میکرد. در مدتی که مشغول زدن پیانو بود همه تن گوش شده بودم و لذت می بردم. ارزو کردم کاش من هم هنری داشتم تا ذوق و استعدادم را به او هدیه کنم. کارش که تمام شد برایش کف زدمو بهش تبریک گفتم.

- مثل اینکه خیلی هنرها داری که هنوز رو نکردی

- نه بابا اینم از روی دسن مادرم کپی کردم والا زیاد وارد نیستم.

- بازم خیلی خوبه. نه من که هیچ هنری بلد نیستم

کنارم نشست و دستم را در دستش جای داد.

- این چه حرفیه؟ تو خودت به تنهایی اینقدر با ارزشی که نیازی نداری خودت رو با این کارها اثبات کنی. وجود تو بهترین هنری بوده که خدا طراحی کرده

از حرفی که زد خجالت کشیدم.

- ممنون تو خیلی لطف داری به من. می دونم این طوری میگی که دل من رو خوش کنی

- نه به خدا اصلا اینطوری نیست

یکی از دستانش را ازاد کرد و انرا ارام روی پوست صورتم کشید و ارام سرش را جلو اورد.

- من نقاشی می کنم. به هر چیزی که هست از دید زاویه و زیایی بینی نگاه می کنم. مدل چشمات حالت صورتت لبهات و رنگ پوستت همگی زیبا هستند. به طرز غیر عادی فریبنده هستی

صورتش را باز جلو تر اورد.

- و اینکه تو خیلی خوش بویی

- اوه. . . نمی د. نم چی بگم.

نفسش را روی پوست صورتم حس می کردم. وقتی که انگشتش رو یصورتم
و لبهایم بالا و پایین می رفت نفسم به شماره می افتاد . با دستی که ازاد
بود کلیپس موهایم را باز کرد. موهایم فرو ریخت و او انها را نوازش کرد و
پشتم را می مالید. دیگر چزی نمی گفتم. انگار دوست داشتم احساسم کند.
من عاشق ستاره شده بودم و چه احساسی زیباتر از اینکه با عشقت باشی و
او را لمس کنی و او هم لمست کند. ؟ اول که به پشتم و صورتم دست می
کشید کمی معذب ودم ولی وقتی که به ندای درونی ام گوش دادم متوجه
شدم من هم او را می خواهم. دستم را روی پاهایش کشیدم. چقدر دوست
داشتنی بود. قبل از او دستم به بدن کسی نخورده بود. دیگر شرمی نداشتم.
دیگر چیزی نمی فهمیدم. او تنها کسی بود که واقعا مرا دوست داشت و
هیچ کس از او به من نزدیک تر نبود. با خنده هایم می خندید و با گریه
هایم گریه می کرد. مونس. همدمم بود . غمخوار غصه هایم. مرا برای خودم
می خواست. وقتی که همدیگر را در اغوش کشیدیم از هیچ چیز نمی
ترسیدم. او به من شجاعت داد. گذر پانیه ها را فراموش کردم. نمی دانم چه
اتفاقی افتاد بود. انقدر در احساس غرق بودیم که وقتی ساعت صدای
دوازده ظهر را اواز کرد تازه فهمیدم که خیلی وقت است از خود بی خودیم
و گذر زمان را فراموش کرده ایم. بلند بلند نفس می زدم. لباسهایم را که در

گوشه ی اتاق ولو شده بود و ستاره روی زمین جلوی پاهایم دراز کشیده بود و چشمانش را بسته بود. می خواستم زمین دهان باز کند و مرا ببلعد. من چه کرده بودم؟ ملحفه رو مبلی را کشیدم و دور خودم پیچیدم. سرم را روی زانویم گذاشتم و گریه کردم. ستاره بلند شد و به کنارم امد. و ارام سرم را نوازش کرد.

- چیه مریم؟ داری گریه میکنی؟

- این چه کاریه؟ ما چرا اینطوری شدیم؟

- نمی دونم به خدا منم گیجم. نمی دونم چی شد یهو . هیچی نفهمیدم.

- معذرت می خواممن باید برم دیرم شده

- باشه ببخشید

سریع لباسهایم را پوشیدم و به طرف مدرسه حرکت کردم. تا کسی که سرویس ایاب و ذهاب من بود داشت می رفت و از امدن من ناامید شده بود که با تکان دادن دست تعقیبش کردم و خیلی شانس اوردم که او مرا دید دالله بیچاره شده بودم. به خانه که رسیدم اولین کاری که کردم سریع به حمام رفتم. عذاب وجدان راحتم نمی گذاشت. خجالت می کشیدم و دوست داشتم بمیرم. من چه گناه بزرگی مرتکب شده بودم. انقدر از خودم بی خود شده بودم که دیگر هیچ نمی فهمیدم . بدنم را شستم و به اطاقم می رفتم. انگار مریضی بدی گرفته بودم. رنگم زرد شده بود و دستانم می لرزید. مادرم

قورمه سبزی پخته اینها بود. حسابی گرسنه بودم. کلی ناهار خوردم و خوابیدم. گوشی ام را روشن کردم. پیامهای ستاره را دیدم. کلی معذرت خواهی و ابراز ناراحتی برای من. او که گناهی نداشت . ما از عشق زیادی که نسبت به هم داشتیم به این کار دست زدیم. برایش نوشتم که یک رابطه دو طرفه بوده و خودش را بابت این قضیه ناراحت نکند. شب موقع شام خوردن حاج خانم اخرین امیدم را نقش بر اب کرد و گفت: خاله ممهناز برای امر مهم و واجب ازدواج شب جمعه یعنی فردا شب تشریف میاورند منزل ما ! !

عجب ادم خوش شانسی هستم من! ! این خبر به این معنی بود که رضا نتوانسته بود خانواده اش را از این تصمیم منصرف کند. شاید هم هنوز رضا نمی دانست. شاید هنوز مخالفت خودش را اعلام نکرده و منتظر دقیقه نوده که گل پیروزی را بزند.

اینها افکاری بودند که همان دقیقه اول بعد از جمله ی مادرم در ذهنم پیچید. دستم در بشقاب غذا خشک شده بود. ذهنم در پی یافتن جواب مناسبی برای سوالات مسخره اش بود. به خودم امیدواری دادم که فردا انها نمی ایند و همه چیز تمام می شود. به این امید به رختخواب پناه بردم. اما قبل از خواب همه چیز را برای عشقم تعریف کردم و او هم مثل همیشه همدردم شد و برایم ارزوی موفقیت کرد. روز بعد از موقع بیدار شدن تا غروب گوش به زنگ تلفن بودم تا خبر کنسل شدن قرار را بشنوم. اما برخلاف همیشه تلفن یکبار بیشتر زنگ نخورد. ان هم خاله نبود. نزدیک به

هشت شب بود که زهرا به انجا امد و در پی او حاج عباس و اقا مرتضی هم امدند. شام که خوردیم مادرم شروع کرد به اماده سازی مقدمات خواستگاری. حسابی ذوق داشت. بهترین ظروف پذیرایی اش را اماده کردو لباسهای زیبایی به تن خود پوشاند. اما من غمگین و ناراحت در گوشه ی اطاقم کز کرده بودم و در ان ساعات خودم را بدبخت ترین موجود دنیا می پنداشتم. حتی رغبت شستن صورتم را هم نداشتم. به قول زهرا این رضای بی عرضه از پس خودش بر نیامده بود و جرات کرده بود پایش را برای خواستگاری به اینجا بگذارد. اخر بچه را چه به زن گرفتن؟ حاج خانم دایم زیر لبی بارم می کرد و از دست من و زهرا می نالید. انتظار داشت الان با این سن کم و اینکه هنوز یکسال دیگر تا گرفتن دیپلم مانده بود و پایان دوران متوسطه حسابی برای خواستگار ذوق کنم و بشکن و بالا انداز بخونم. !

چه خیال خامی! من زهرای صبور و حرف گوش کن نبودم. من یک انسان ازاد بودم و به حکم ازادی که خداوند به من داده است نمی خواستم تحت هیچ شرایطی زیر بار حرف زور و بردگی ان ظالمین بروم.

ایا درست است در قرن بیستم و در حالی که تمام دولت ها و حکومت ها دم از حقوق بشر می زنند و برای ملتشان قوانین مدافع شهروندی و انسانی زیادی تدوین کرده اند خانواده هایی پیدا شوند که هنوز در دوران جاهلیت

عرب ها زندگی کنند و اگر موفق به زنده به گور کردن دختر ها نشوند انها

را در سن ۱۶- ۱۷ سالگی به اجبار و به صلاح دید خود به ازدواج شخصی

که خود انتخاب کرده اند در اورند؟ ایا درست است که دختری ۱۷ ساله

هنوز جرات داشتن گوشی موبایل نداشته باشد ان وقت شوهر داری کند؟ ایا

این حق است که کامپیوتر و وسایل ارتباطی در خانه ای با این سطح رفاه

وجود نداشته باشد و دختران در ان خانواده حق دانشگاه رفتن نداشته باشند

اما مسولیت کار مهمی مثل ازدواج را به انها بدهند؟ باید به چه کسی

اعتراض می کردم؟ باید مشکلات نوجوانی و جوانی ام را به چه کسی می

گفتم تا محرم رازم باشد و راه درست را نشانم بدهد؟ به پدری می گفتم که

خودش مرکز فرماندهی یک لشکر ضد زن بود؟ یا مادری که خودش قربانی

بود اما این قربانی شدن را دوست داشت و مثل روباهی که در پی شیری می

دود تا غذای مانده او را بخورد و گرسنه نماند از پی پدرم می دوید و از او

حمایت می کرد. یا خواهری نازنینم که خودش بازیچه و چوب خورده این

درد بود و جز اه کشیدن برایم کاری نمی توانست بکند؟ انها فکر می کنند

که ما نفهمیم و ما جز مشتی جوان خام و نادان کسی نیستیم که اگر به ما

یاد نمی دادند که بند کفشهایمان را چطور ببندیم هنوز هم یاد نگرفته

بودیم و راه رفتن نمی دانستیم!

خودم را خوب می شناختم. و با این شناخت محال بود کوتاه بیایم و با ازدواج با رضا موافقت کنم/. حتی تحت بدترین شرایط. . . . زهرا به اشپزخانه رفت و در چیدن میوه ها و شیرینی به مادرم کمک کرد.

- این دختره دوباره جن زده شده؟ چرا بیرون نمیاد. ؟ بهش بگو بره یه لباس خوب بپوشه و دست و صورتش رو تر تمیز کنه الان میان.

- مامان یعنی شما نمی دونی مریم چی میخواد؟ مریم چطور باید نشون بده راضی نیست. چرا مجبورش می کنید؟

- بسه دیگه. شماها هم مسخره بازی در اوردین. شوهر شوهره دیگه. بهش بگو صدای حاجی رو در نیاره. دیگه خودش می دونه

حرفهایشان که به اینجا رسید صدای زنگ در به صدا در امد. با شنیدن این صدا بند دلم پاره شد. پس بالاخره امدند. حالا باید چکار می کردم؟ حاج خانم و حاج عباس و اقا مرتضی به حیاط رفتند . به اولین چیزی که به ذهنم رسید گوش دادم و فرمانش را اجرا کردم. زهرا به اطاق من رفت تا چادرش را بپوشد. از داخل یخچال ظرف دارو هارا بیرون کشیدم و بدون اینکه نگاه کنم که چه می خورم از هر برگ از قرص های در هم و برهم چندتایی در اوردم و پشت سر هم داخل گلوم انداختم. و با یک لیوان اب سریع به اطاقم دویدم.

- چیه؟ چیکار کردی؟

- هیچی سرم درد می کنه یه دونه مسکن خوردم.

- حالت خوبه؟ انگار رنگت پریده.

نه بابا خوردم. دویدم به اینا بر نخوردم. تو برو پیش اونا من یکم دراز بکشم میام.

زهرا با تردید بیرون رفت. با اینکه حدودا بیست تایی قرص خورده بودم اما اب کمی در لیوان بود و به زور به پایین قورت دادم. معده ام شروع به سوزش کرد. انگار قرص ها یکی یکی داشتند می ترکیدند. دراز کشیدم و ملحفه ای را به روی صورتم کشیدم تا مردنم با ارامش بیشتری باشد. ضربان قلبم کند و کند تر می شد.

درست به یاد ندارم اما فکر می کنم چهارتایی از قرص های زیر زبانی حاج خانم بالا انداخته بودم. پاهایم شروع کرد به سرد شدن. کم کم ضربان قلبم قابل شمارش شد. یک . . . دو . . . سه. . . . می دانستم اگر مزاحمی پیدا نشود به زودی خواهم مرد. خوشحال بودم از این بابت. خندیدم و ارام یک صلوات زیر لب فرستادم و از ستاره خداحافظی کردم. چشمانم را بستم و دیگر چیزی ندیدم.

- خدایا منو بکش از دست این دختره نجاتم بده. اخه بگو دختر مگه دیوانه شدی؟ چرا همچین کاری کردی؟ حالا من چطور تو صورت مهناز نگاه کنم؟

- واا مامان؟ به جای اینکه نگرانش باشی و براش دعا کنی فکر خاله مهنازی؟

می خوام صد سال سیاه خوب نشه. منم ببخشم که نمی بخشم حاجی نمی بخشه. خدا هم نمی بخشه. خود کشی گناه کبیره است. چرا باید این کارو بکنه ؟ رضا چش بود مگه؟ بهتر از رضا کی می خواست بیاد خواستگاریش؟ ها؟!

- این حرفها چیه می زنی مامان؟ اگه میگفت زن رضا نمی خواد بشه مگه قبول می کردین مگه؟ بابارو نمی شناسی؟ حرف حرف خودشه. مریم که اهل این کارا نبود شما عرصه رو بهش تنگ کردین که مجبور شد این کارو بکنه.

صدای گریه زهرا را شنیدم. صدای دفاعیاتش و صدای مادری که بیشتر از اینکه فکر سلامتی دخترش باشد به فکر ناراحتی خواهرش بود و دلواپس او. مادر تو فکر گناهی که کردم هستی و اتش جهنم. اما مادر من من الانم در جهنم به سر میبرم. دارم در مقابل چشمانت می سوزم و تباه می شوم و جلادان دارند مرا در اتش کباب می کنند و تو فکر دنیای دیگری. چرا حالا که دارم در مقابل چشمانت پر پر می شوم از من دفاع نمی کنی و یاریم نمی کنی؟ چرا در مقابل حاج عباس که خودش را خدای بر حق من می داند از من دفاع نمی کنیو دردم را نمی پرسی؟ تو به فکر اخرتی هستی که هیچکس ندیده؟

چشمانم را باز کردم. نمی توانستم تکان بخورم. با حرکت انگشتانم فهمیدم زنده ام. اما چرا؟ چرا باید زنده باشم؟ ای وای... از قبل هم بدبخت تر شدم. اخر خدایا تو به من چه احتیاجی داری که دست از سرم بر نمی داری و رهایم نمی کنی؟ من نه بنده خوبی برای توام و نه فرزند صالح برای خانوادم. شرم را کم کن و بگذار یک اضافی از دنیا کم شود و اسوده بمیرم. اگر زنده بمانم زندگی ام نابود شده است و باید تا اخر عمرم در حقارت و بدبختی زندگی کنم. خدایا خواهش می کنم. . . . .

- مریم جان مریم؟ خدایا شکرت. به هوش اومدی. منم زهرا

- وای خدایا پس زنده ام. نمی خواهم بشنوم. باید خودم را به مردگی بزنم تا فکر کند اشتباه است و من مردم!

- مامان نفسش بهتر شده و ضربان قلبش تند تر شده. الحمدالله. خدایا شکرت. . .

- من می رم پرستار رو صدا کنم

صدای مادرم متوجه ام ساخت که من و زهرا در اتاق تنها شدیم. کمی بیشتر چشمانم را باز کردم. دیگر ادای مرده هارا در اوردن بی فایده بود. زهرا دستم را گرفته بود و در میان گریه و خنده با من حرف می زد.

- این چه کاری بود کردی مریم. این چه حماقتی بود اخه؟ به خدا اگر بلایی سرت می اومد خودمو می کشتم

- چی شده؟ اینجا کجاست؟

- اینجا بیمارستانه. دیشب تو کلی قرص رو با هم خورده بودیو ضربان قلبت کندشده بود و بی حال روی تخت افتاده بودی. حالت خیلی بد بود. دکترا می گفتن شاید به هوش نیای و بری توی کما. از دیشب تا الان که سه و نیم بعد از ظهره بی هوش بودی

- من از این شانس ها ندارم که برم تو کما. حاج عباس کجاست؟

- وقتی توی اورژانس فهمید خودکشی کردی جلوتر نیومد و رفت خونه. خیلی عصبانی بود. حتی یه تلفن هم نزده حالتو بپرسه.

- مرتضی چی / اونم رفت؟

- رفت ولی برگشت. الان تو حیاطه بیمارستانه

- کاش می مردم. اگه می دونستم نجات پیدا می کنم یه بلای بهتر سر خودم می اوردم.

- بسه دیگه زبونتو گاز بگیر. مرخص بشی میبرمت خونه خودم اونجا دیگه راحتی. فعلا به این چیزا فکر نکن

صدای کفش های مادرم را که شنیدم دوباره چشمانم را بستم و خودم را به خواب زدم. نمی خواستم صورتش را ببینم.

- چی داری میگی برای خودت؟ مگه خودش خونه نداره؟ خوبیت نداره این

بیاد اونجا. حاجی نمیزاره. همین مونده از دست تو سکته کنم

- مامان جان خواهرمه. خوبیت نداره چیه؟

- همین که گفتم. حاجی قبول نمیکنه. دیگه حرفشم نزن

با امدن پرستار صحبتهایشان قطع شد.

- چشماتو باز کن. خانم. دخترخانم. چشماتو باز کن

از روی ناچار چشمانم را باز کردم ولی به سمت سقف نگاه کردم نه ان

سمتی که مادرم بود. پرستار بعد از معاینات اولیه شروع کرد به نوشتن .

- چی شد خانم پرستار. حالش خوبه؟

- فعلا خوبه. خطر رفع شده. ولی دکتر باید تشخیص بده که وضعیت

چطوره.

- ممنون

با رفتن پرستار رگبار حرفهای مادرم به سویم باریدن گرفت. از همه چیز می

گفت. از هر طعنه و بددهنی کوتاهی نمی کرد. یک ریز به من سرکوفت می

زد و هر انچه از دشنام و ناسزا و نفرین بلد بود بارم کرد. و من همچنان به

سقف خیره شده بودم. و بعد که لحظه ای نفس تازه کرد شروع کرد به گریه

و زجه های گوش خراش. اخر مادر جان از این نفرین ها و دشنام ها ی تو

۱۶۹

که من هیچ نفمیدم چرا اینقدر خودت را اذیت کردی. اصلا به حرفهایت گوش ندادم و انقدر به بدبختی های اینده ام فکر کردم که حتی یک کلمه هم از حرفهاین را نشنیدم. ! مطمینم خدا هم گوش نمی داد. چون او هم داشت به بدبختی بنده هایش فکر میکرد!

بعد از معاینه پزشک تصمیم گرفته شد که دو شب دیگر را هم در بیمارستان بمانم تا تاثیر سموم دارویی از بدنم بیرون برود. حاضر بودم تا اخر عمرم روی ان تخت و در ان بیمارستان بمانم اما به ان خانه برنگردم. حاج خانم به خانه رفت و قرار شد زهرا در کنارم بماند. با اینکه دوست داشتم تنها باشم اما اصرار کرد و راضی به رفتن نشد. دلم برای ستاره تنگ شده بود. الان داشت به من فکر میکرد. حتما نگران شده بود. حالش را می فهمیدم. چون حال خودم هم بهتر از او نبود.

- زهرا؟ یه کاری برام میکنی؟

- اره حتما بگو

- میشه برام یه تلفن بزنی

- به کی؟

- ستاره. می خوام باهاش حرف بزنم

- ول کن مریم تو رو خدا. شر درست نکن

- خواهش میکنم. فقط چند کلمه. الان خیلی نگرانمه

زهرا وقتی که اصرار مرا دید قبول کرد. صدای ستاره همچون صدای پرندگان و ندای شر شر ابشاران ارامم کرد. انگار در صدایش درمانی بود برای همه ی درد هایم.

- الو ستاره

- الو مریم. توای؟ کجایی دختر. دونه شدم. این شماره کجاست؟

- شماره بیمارستانه. بستری شدم.

- ای وای چیکار کردی با خودت. کدوم بیمارستانی؟

ادرس بیمارستان را زهرا به ستاره داد. هنوز سی دقیقه ای از تلفنم نگذشته بود که ستاره با چشمانی گریان وارد شد. همراه او مادرش هم امده بود. با دسته گلی زیبا. اما صورت و چشمان سبز رنگش از تمام گلهای دنیا قشنگ تر بود. چه رنگی می توانست با پوست گلگون و لبانی به ان خوش رنگی رقابت کند؟ وقتی که در کنارش بودم انگار که تمام دنیا مال من بود. مادرش هم با وجودی که زن زیبایی بود اما خود ستاره چیز دیگری بود. شاید هم به چشم من اینگونه می امد و هیچ کس را سزاوار رقابت با او نمی دیدم. اشک از چشمان هر دوی ما سرازیر شد. زهرا کنجکاو و متعجب از این همه عشق فقط به ما خیره شده بود و نگاه میکرد و هیچ نمی گفت. گویی او هم مثل مادر ستاره پی به حس عجیبی بین من و ستاره برده باشد. مدتی طول کشید تا به خود امدیم. انگار که سالهاست همدیگر را ندیده بودیم.

- مریم این چه کاری بود کردی؟ من که بهت گفتم کار احمقانه نکنی. تو که لجباز نبودی

- دیگه نمی تونستم تحمل کنم. داشتن به زور شوهرم می دادن. به کی؟ اونم رضا. نمی دونم اون پست فطرت چطور قبول کرده بود به خواستگاری من بیاد.

- باشه اما با تمام این حرفها کار توام اشتباه بود.

- شما سه نفر شاهد باشید. اگه باز هم حرف ازدواج با رضا به میون بیاد لازم باشه صد بار دیگه خودکشی میکنم تا جواب بده و بمیرم اما زن اون ادم بی عرضه و پست نمی شم.

بعد از احوالپرسی مادر ستاره و اشنایی با زهرا با اصرار فراوان ستاره قرار شد او هم در بیمارستان کنار من بماند و زهرا به اطاق استراحت برود و کمی استراحت کند. حسابی خسته بود و کلی از شب قبل تا ان ساعت را سر پا ایستاده بود. مادر ستاره به منزلشان رفت و قرار شد صبح به بیمارستان برگردد تا ستاره را با خود ببرد. ان شب یکی از عزیز ترین شب های عمرم بود. هر دو در تاریکی و سکوت اطاق نشسته بودیم و ارام ارام با هم حرف می زدیم. من سرم را روی شانه اش می گذاشتم و ارام می شدم و گاهی او سرش را روی پاهای من می گذاشت و دستهایم را نوازش می کرد. با اینکه هر دو دختر بودیم و هر دو از جنس مشترک ولی انگار دو معشوقه واقعی بودیم که برای با هم بودن بی تابی می کردیم. ستاره عضوی از بدن من بود.

گویی قلبم بود. نه ! انگار روح و تمام هستی من بود. برایم حکم موجود مقدسی را داشت که باید او را می پرستیدم. حکم یک کاهن اعظم. حکم خدا. سالها به درگاه خدا نماز اول وقت خوانئه بودم و روزه قضا نداشتم. حفظ حجاب و پوششم کامل بود و از نظر شرعی بخواهم مقایسه کنم بعد از زهرا از تمام دختران هم سن و سال خودم که می شناختم برتر بودم. اما خدا یکبار هم گوش به حرفم نداد و حاجتم را روا نکرد. ولی ستاره هر انچه که می خواستم به من داده بود و من در کنارش بی نیاز بودم. اما یک چیز! شاید در حق خدا دارم بی انصافی می کنم. خداوند به من چیزی داد تا دیگر از او چیزی نخواهم و او خدایی را در حق من با وجود ستاره تمام کردو او ستاره را به من بخشید. انگار نمی خواستیم صبح شود. خیالم راحت بود حاج عباس برای ملاقاتم به بیمارستان نمی اید و من تا دو ر. ز دیگر در این اطاق در امان هستم که البته اگر حاج خانم می گذاشت! ! !

- ستاره چیکار کنم؟ خیی گرفتار شدم.

- نمی دونم . با این کاری که تو کردی اگه خانواده عاقلی باشن دیگه پا پیش نمیزارن برای خواستگاری. بالاخره فهمیدن که تو راضی به این وصلت نیستی

- من خیلی بدبخت و بد شانسم. اگه بازم بیان چی/؟ اگه حاج اقا دوباره جواب مثبت بده چی؟ اگه از تلافی کارم هم شده به زور منو بزاره پای سفره عقد رضا چی؟

- خدا بزرگه. تا اون موقع یه کاری می کنیم. فکر نمی کنم ونا هم اینقدر بی شخصیت باشن که دوباره به اسم خواستگاری پاشونو بزارن خونه شما.

- برام دعا کن . تو قلبت پاکه. از خدا بخواه تنهام نزاره

دستم را دور شانه هایش حلقه کردم و زار زار گریه کردم. ساعت هفت صبح بود که زهرا و مادر ستاره امدند. زهرا حسابی سرحال بود. اما ستاره با چشمانی قرمز و باد کرده تند تند خمیازه می کشید. انقدر گفت و گفت تا زهرا دوباره راضی شد که شب را هم ستاره همراهم باشد. مادر ستاره زن جوان و سرزنده ای بود. با اینکه مادری تنهاست و به غیر از ستاره کسی را ندارد اما همراه و همقدم دخترش در زندگی است. کمکش می کند و خوب درکش می کند. خوشحال بودم که ستاره مادری به ان خوبی داشت. کاش مادر منم کمی دخترانش را می فهمید. کاش به جای اینکه مسوول خریدمان باشد دوست و همراهمان بود. اگر فقط کمی همراهی و درک مادرم داشتم ان موقع به جای تخت بیمارستان داشتم برای اینده تحصیلیم برنامه ریزی میکردم. فقط درس و دانشگاه بودم. بعد از ظهر که شد مادر باز به بیمارستان امد با کلی داد و بیداد و غرو لند و اعصاب خوردی. کاش اصلا به ملاقاتم نمی امد. فکر می کنم برا یبرای ان داد و بیداد و ها و عقده گشایی ها به بیمارستان می امد تا خودش را خالی کند. به هر حال هر چه که بود احوالپرسی و نگرانی برای من نبود. ان شب هم اسمان من دوباره پر

ستاره شد و ستاره عزیزم به کنارم امد. ستاره ای که از تمام ستاره های کهکشان زیباتر و پر نور تر بود. تک ستاره اسمان من. . . .

بعد از حال و احوال و دردل های ساده همیشگی ستاره از داخل کیفش جعبه ای کادو شده در اورد و ارام در مقابلم قرار داد. شوک شده بودم. باز طبقعادت همیشه لال و زبان بسته خیره شدم. گاهی به ستاره و گاهی به جعبه نگاه میکردم. لبخندی لبانش را پوشاند.

- تولدت مبارک

باورم نمی شد. امشب شب تولد من بود. خودم هم فراموش کرده بودم. بیست و شش خرداد. درست بود

- وای. واقعا غافلگیر شدم. نفسم بند امده

- بله درستشم همینه که غافلگیر بشی. تا جذاب باشه والا بی مزه می شد.

اشک چشمانم را نمناک کرد. صدای قطره های باران را که به شیشه می خورد می شنیدم. باران؟ امشب؟

- ممنون. نمی دونم چی بگم؟ فقط تو یادت بود. حتی خودم هم دیگه از خودم بی خبرم. انگار که اصلا هیچوقت نبودم.

- اینو نکو. تولد تورو خیلی ها می دونن مثل این قطره های بارون. خودشونو به شیشه می زنن و سرو صدا می کنن تا بهت بگن خیلی دوست دارن مثل من. بگن تولدت مبارک

دستم را درو گردنش پیچیدم و گردن خوش تراشش را بوسیدم. کادو را که باز کردم یک عطر خیلی خوشبو داخل کلغذ بود همراه یک نامه. با اصرار ستاره قرار شد که بعد از رفتن او ان را بخوانم. و من درخواستش را قبول کردم. دستش را روی دستم گذاشت و سرش را نزدیک سرم اورد و با هم رقص دانه ها ی الماس گون باران را روی پنجره نگاه کردیم. کوچیکترین حرکتی مارا به هم وصل می کرد. مانند اهن و اهن ربا بودیم که هر چه قدر که نخواهی انها به هم متصل نشوند اما امکان ندارد و انمها بالاخره همدیگر را رجذب مب کنند. گاهی لبهای همدیگر را می بوسیدیم و می خندیدیم. و تا صبح حرف زدیم. صبح روز بعد با رفتن ستاره دکتر امد و بعد از معاینه دستور ترخیص مرا امضا کرد. البته بیشتر به نظرم گواهی فوت بود ! احساس شادی و سرخوشی دو روز گذشته جایش را به سرشکستگی و احساس حقارت داد. می دانستم دیگر روی خوشی را در ران خانه نمی بینم. همراه با اقا مرتضی و زهرا و حاج خانم به خانه برگشتم. اقا مرتضی هم با من سرسنگین شده بود. از خودم خجالت می کشیدم. همه ی انها یک طرف نمی دانستم با نگاه حاج عباس چه کنم؟ خوشبختانه خانه نبود. به اطاقم پناه بردم و خوابیدم. غروب که شد زهرا به خانه خودش رفت. بعد از اذان بود که صدای ماشین حاج عباس در حیاط پیچید. تمام بدنمم شروع کرد به لرزیدن. انگار هیچ خونی در بدن نداشتم. فکر میکردم پدرم نیست. جلادی است که از سوی خداوند مامور شده است تا مرا به خاطر گناه کبیره ام

مجازات کند. لحظه لحظه نگران تر شدم. به یاد ندارم حاج عباس برای یکبار هم شده تا ان روز به اطاق من امده باشد. چشمان درشت و قرمز رنگش نشانه ی تمام خشمی بود که در درونش نسبت به من می جوشید. کاش همان روز مرا کشته بود و من برای همیشه اسوده می شدم.

وارد اطاقم شد و جلوی صورتم ایستاد. به سختی توانستم پاهایم را جمع کنم. پشتم به دیوار پسبیده بود و با دست پاهایم را داخل شکمم جمع کرده بودم و می لرزیدم. هنوز چند ثانیه ای از ورودش به اطاقم نگذشته بود که دو تسبیح معروفش را که همیشه در جیب هایش بود بیرون اورد و با همان تسبیح ها شروع کرد به شلاق زدنم. تند تند از چپ و راست انها را محکم به صورتم و سرم و دستهایم می کوبید. بغل های رانم و نوک انگشتهای پایم هم از این شلاق در امان نماند. انقدر زد و زد تا یکی از تسبیح ها پاره شد و دانه های درشت انها به اطراف پاشید. جنون بدنش را گرفته بود. تسبیح را مانند تازیانه بالا و پایین می کرد و انها را محکم به سرو صورتم می کوبید. از ته دل جیغ می زدم و فریاد می کشیدم و از مادرم کمک می خواستم. زهرا خواهرم را صدا می زدم و اخر او را به جان امام حسین و حضرت ابو الفضل قسم می دادم. اما بی فایده بود. حاج خانم از کناره در جلوتر نیامد.

- حاجی تورو خدا. جون خودت جون مامان. بابا تورو به حضرت عباس رحم کن. ای بابا. بابا . . . التماست می کنم. . . .

وقتی که خون بینی ام را دید و زخم های روی صورتم و موهای زولیده ام که روی صورتم ریخته بود کوتاه امد و رهایم کرد. لباسهایم خونی شده بود. شاید دلش به حالم می سوخت اما نه شرط می بندم که موهایم را دید خجالت کشید! بالاخره رفت. . . بی حال و بی رمق روی تخت افتادم. بسیار گریستم. مانند ابر بهاری که یک لحظه می غرد و یک لحظه سکوت می کند یک لحظه از جلوی خورشید گم می شود و لحظه ای بعد با شرارت هر چه تمام تر شروع به باریدن می کند تا دل خورشید را بسوزاند گاهی می گرستم و گاهی سکوت می کردم. گاهی می خندیدم و گاهی از خود می پرسیدم چرا؟ مرا به چه جرمی زدی؟ به کدام گناه مرا با تازیانه های معنویت شکنجه کردی؟ مگر من چه کرده بودم؟ خیلی فکر میکردم اما به نتیجه ای نرسیدم. چرا اما فقط یک جواب. . . . . . . یک چیز را خوب می دانستم و ان اینکه تو خودخواهی! . . . تو خودخواهی پدر. تو خود را خدای من می دانستی و می خواستی خدایی ات را پابت کنی. می خواستی بهشت و جهنم را در همین دنیا به من نشان بدهی که در نشان دادن جهنم موفق بودی. در ان لحظه ارزو کردم زلزله ای بیاید و تمام ساکنین این خانه را از بین ببرد و برای همیشه نابود شویم. اما حیف. حیف که خداوند هیچ گاه به حرفهای من گوش نداد. چند روزیه را باید قرنطینه می بودم. گاهی حاج خانم برایم غذایی می اورد که بیشتر اوقات دست نخورده برمیگشت. و اگر برای دستشویی رفتن نبود هیچ وقت از اطاقم خارج نمی شدم. بدنم بوی

بدی می داد. چند روزی می شد که حمام نرفته بودم. حاج عباس به زهرا سپرده بود که به انجا نیاید. این را مطمئنم. چون زهرا خواهری نبود که مرا تنها در ان شرایط بگذارد. تمام دلخوشی ام این بود که شبها با ستاره پیامک بازی می کردیم و از لا به لای پیام های زیبایش بوی عشقی می امد که مرهمی بود برای تسکین دردهایم. روز پنجم اسارتم در اطاق بود که زهرا امد. دستش را درو گردنم پیچید و برایم دلسوزی می کرد. غم را به وضوح در عمق چشمانش دیدم.

- ببخش مریم جان به دیدنت نیومدم. بابا اجازه نمی داد و به مرتضی سپرده بود نزاره بیام اینجا

- خودم فهمیدم عیبی نداره

- خیلی از بین رفتی. داغون شدی. مامان میگه هیچی نمی خوری. داری با خودت چیکار میکنی؟

- من با خودم چیکار می کنم ؟

با تمام خشمی که در درونم داشتم استین لباسم را پاره کردم و دستهای کبودم را به او نشان دادم. گردنم را باز کردم و روسری ام را از سرم در اوردم.

- نگاه کن. ببین چیکارم کرده. تموم بئنم کبوده. سرم درد میکنه. انگشتهام ورم کرده. ولی به چه جرمی؟ چیکارکرده بودم؟ به غیر از اینکه نمی

خواستم زن اون رضای پست فطرت بشم. به غیر اینکه سعی کردم بهشون بفهمونم نمی خوام عروس خاله ام بشم. ؟ ولی اونا حالیشون نشد و براشونم مهم نبود. چاره ای غیر این مگه داشتم؟ تو بگو. . . ها؟

زهرا سعی می کرد ارامم کند. بعد از کلی دلسوزی . همدردی های خواهرانه مرا به حمام برد. بدنم را می شست گریه می کرد. باور نمی کرد که حاجی با تسبیح این همه کبودی روی بدن من یادگاری گذاشته باشد! کبودی ها و زخم ها بعد از پنج روز تغییر رنگ داده بود و خیلی حال بهم زن شده بود. یکی از دانه های تسبیح به چشمم خورده بود و حسابی اطراف چشمم باد کرده بودو خون مردگی قرمزی در چشمم ایجاد شده بود. وقتی که صورت رنگ پریده و مرده گونه خودم را در ایینه دیدم زار زار به حال خودم گریه کردم. زهرا کمک کرد لباس بپوشم و برایم کمی غذا اورد. از قرار معلوم حاج خانم در منزل تشریف نداشتند و به روضه رفته بودند! مادری را در حق من تمام کرده بود!

- غذاتو تا اخر بخور. افرین خواهری . داری از بین میری

- به خدا اگه به خاطر تو نبود دست هم بهش نمی زدم.

- مرسی از اینکه گوش به حرفم می دی. حالا هم انتظار دارم مثل یک ادم با شعور و فهمیده به حرف خواهر بزرگترت گوش بدی و روی حرفم حرف نزنی

- باز چی شده؟

- قول میدی به حرفم گوش کنی؟

- نمی دونم اخه چی هست؟

- ما از یه خونواده ایم. خواهریم. پدرو مادرمونم از همه بیشتر میشناسیم. مگه نه؟

- اره میگی چی شده یا نه؟

- عالیه. با شناختی که از بابا داری فکر میکنی به این راحتی کوتاه بیاد و مخصوصا الان کاری به کارت نداشته باشه و همه چیز رو فراموش کنه؟

- نه بابا واقعا کینه ایه. می دونم. حالا منظورت چیه؟

- ازت می خوام تصمیم عاقلانه و درست رو بگیری و مارو دیگه تو دردسر نندازی

- - چه تصمیمی؟

- با رضا عروسی کن

- امکان نداره

- چرا امکان داره. حاجی بخواد داره. می خواد روتو کم کنه

- منم کوتاه نمیام. اونا هم دیگه هیچوقت فکر نکنم پاشونو بزارن اینجا برای خواستگاری.

- مطمئن نباش. حاجی بهشون اجازه داده تا دوباره برای شب جمعه بیان.

- اونا چی گفتن؟

- قبول کردن

- چی ؟ واقعا مسخره است

- اتفاقا مسخره نیست. خیلی هم ترسناکه. مریم فقط خواهش میکنم کار احمقانه ای نکن. برار همه چیز تموم بشه بره.

- تموم بشه بره؟ تو دیگه چرا/خودت که از جریان من و رضا خبر داری. اول باعث شد عاشقش بشم و بهش دل ببندم حتی به خودش اجازه داد به من دست بزنه و بغلم کنه. ولی بعد از جند وقت بهم پیغام میده که فراموشم کن. چرا/ چون معشوقه جدید پیدا کرده و دلباخته یکی دیگه شده. ! ! ! این درست نیست. مریم تو خودت گفتی من با رضا خوشبخت نمیشم. اون حتی داره به ازیتا هم خیانت میکنه. بزار خیالتو راحت کنم زهرا. اگه همه ی دنیا یکی بشن تا من با رضا عروسی کنم خودمو از این دنیای لعنتی پرت میکنم پایین ولی زنش نمی شم. اینو بهت قول میدم.

- همه ی اینها رو میدونم و بهت حق میدونم . ولی بیشتر فکر توام. به خدا تو هیچ شانسی نداری. حاج عباس نمسزاره به هدفت برسی. حتب اگه شده بزارت رو ویلچر میبرت پای سفره عقد

سکوت کردم و دیگر به حرفهای زهرا هم گوش نمی دادم. فکرم در دوز

دست ها غوطه ور شده بود. رفتم به کودکی شادی که با رضا گذراندم. از لی

لی حوضک و قایم موشک بازی کردنمان تا اب بازی در حیاط خانه! و چقدر

زود بزرگ شدیم. رسیدیم به عشق و نگاههای عاشقانه و نامه و دعوا و قرار

های درب مدرسه! و رسیدم به دیدارش با ازیتا و بگو بخندشان. کمی جلوتر

هم رفتم. روزی را دیدم که من و رضا با لباس های عروسی و دامادی به

خانه مشترکمان رفتیم و رضا به عنوان همسرم در کنارم ایستاد و دست مرا

گرفت. روزی که باید سفره عقد بچینند و خطبه را بخوانند و من هم حتما

باید بله را بلند بگویم. واقعا صحنه های مضحکی شدند. اگر حاج عباس

لجوج و یک دنده است منم هستم. و حتما این خصوصیت را از او به ارث

برده ام. روز بعد از طریق ستاره با خبر شدم که کارنامه ها را می دهند. به

حاج خانم گفتم. اما ایشون اجازه ندادند و گفتند که حاجی موافق نیست!

پس نتیجه این همه درس خواندن و به مدرسه رفتنم را نباید می گرفتم؟

پس یعنی همه ی این رفت و امد ها و تلاش ها بی خودی بود؟ و من فقط

مترسک بازیهای پدرم بودم و همه چیز فقط خواست اوست. . . .

به ستاره سپردم که کارنامه مرا هم بگیرد و نتیجه را تلفنی به من بگوید.

تلفن تنها راه ارتباطی ما بود و از خریدش راضی بودم. چون پدر و مادرم می

دانستند که زهرا در مورد خواستگاری شب با من حرف زده است دیگر

بیشتر از این صلاح نمی دانستند مرا در جریان امور قرار بدهند! حاج عباس

یک تسبیحی بزرگتر خریده بود. همچنان با من حرف نمی زد و حتی جواب سلام مرا هم نمی داد. بلاخره بنده از خدایش می ترسد و ما هم چون بنده اش بودیم باید ازش می ترسیدیم و در مقابل خواسته هایش سکوت میکردیم. نه من بحپی از خواستگاری و را ضی و نا راضی بودنم میکردم و نه انها چیزی می گفتند. شب جمعه که شد زهرا دایم دور و بر من می پلکید و مواظبم بود و تنهایم نمی گذاشت. اقا مرتضی چپ چپ نگاهم میکرد. حاج خانم با اینکه زیاد تحویلم نمی گرفت اما به مناسبت خواستگاری مجدد برایم چادر جدیدی خریده بود و روسری گلدار کرم رنگی هم برای نو کردن ظاهرم تهیه کرده بود. وقتی که دیدم چاره ای جز

شرکت در مراسم ندارم و همه چیز الان به نفع حاج اقاست ترجیح دادم جامه بی خیالی بپوشم و فعلا دستمال صلح رو نشون بدم تا بعدا یک انتقام حسابی از انها بگیرم. بلوز و دامن شیکی به تن کردم و روسری جدید را به سرم انداختم. داخل کشو به دنبال گل سینه می گشتم که چشمم به جعبه کادویی ستاره افتاد. قلبم درد گرفت. ستاره عزیز دلم. . . . تنها تو بودی که تولدم را به یاد داشتی /

در جعبه را باز کردم از ادکلنی که برایم اورده بود زدم تا دایم به یادش باشم و هربار که بوی ان به مشامم می رسد تصویر صورت قشنگش را به یاد اورم. نامه ستاره را هنوز نخوانده بودم. خدایا چطور فراموش کرده بودم؟ نامه را

داخل لباس زیرم گذاشتم و چادر را سرم انداختم و به داخل دستشویی رفتم و مشغول خواندن نامه اش شدم.

به نام او به یاد تو

نمی دانم چه موقع داری این نامه را می خوانی اما خوب می دانم که کنارت نیستم و از هم دوریم. مریم جان نسبت به تو حس عجیبی دارم. تو را تکه ای از وجودم می دانم. همیشه مادرم عزیزترین و تنها فرد دوست داشتنی زندگیم بوده اما حالا می دانم که توام به همان اندازه برایم عزیزی و دوست داشتنی. برایت بهترین ها را ارزو میکنم. روزهای خوبی که شاید هیچگاه من در زندگیم نتوانم تجربه کنم. دوست ندارم حتی یک لحظه ناراحتی ات را ببینم. به من قول بده. قول بده که قوی باشی و با مشکلات بجنگی. بگذار اگر روزی برسد که زندگی ات را مرور کردی به روزهای جوانی و غرورت افتخار کنی و به خودت ببالی. همان طور که من الان به داشتنت می بالم. روی دوستی و عشق من حساب کن. برایت هرکاری میکنم تا شاد باشی فقط جوانیت را فدای خودخواهی خودخواهان نکن. تولدت مبارک. . . ستاره

نامه ی ستاره امیدی تازه به قلبم تاباند. انگار روزنه ی روشنی در سیاهی قلبم تابیده شده بود. احساس کردم حق تغییر زندگی ام را دارم و باید قوی باشم و بجنگم تا تغییرش بدهم. خداوند خودش سفارش به ازادگی و ازاده بودن کرده پس چطور خودم را زنده زنده در قبری که این جاهلان برایم کنده اند زنده به گور کنم؟ نه. من تسلیم نمی شوم. حتی اگر بمیرم. اینها

جملاتی بودند که در ان لحظات کوتاه در مغزم مرور می شد. به بیرون که امدم مادرم خوشحال تر از قبل بود. چون سرو وضع اراسته ام را دیده بود و تا حدودی خیالش راحت شده بود که دیگر قصدی ندارم. حاج عباس هم بی تفاوت به اطرافش مشغول تماشای تلویزیون بود. ساعت نه شب بود که خواستگاران محترم تشریف اوردند. !

خاله مهناز برعکس همیشه خیلی سرد و سر سری با من احوالپرسی کرد. اما رعنا بغلم کرد و من احساس شرمندگی را در چشمانش می دیدم. اقای فرهنگ هم داخل شد و رفت کنار دست حاجی نشست. رضا دیر تر از بقیه وارد شد. سرش را اصلا بلند نکرد و خیلی سریع با یک سلام کوتاه رفت و کنار دست مادرش نشست. به محض دیدن رضا تمام کینه ام نسبت به او در گلو یم جمع شد. می خواستم داد بزنم و کلی فحش بارش کنم و یکبار دیگر مراسم را بهم بزنم اما این را هم خوب میدانستم که باز این من هستم که محکوم می شود و همه چیز به نفع انها تمام می شود . هر چه باشد پرونده من سیاه بود !

باید با سیاست تر رفتار می کردم و روی خود مسلط می بودم. به اشپزخانه رفتم . حاج خانم و زهرا هم پشت سر من روانه شدند. با هزار جور بدبختی زهرا را مجبور کردم تا سینی چایی را خودش ببرد. زهرا به حاج خانم گوش زد کرد که سر به سر من نگذارد والا یکبار دیگر مریم آشوب به پا می کند.

زهرا با سینی چایی بیرون رفت و در پی او من و حاج خانم هم به سالن اصلی رفتیم و نشستیم .

- شما چرا چایی نیاوردی مریم جان؟ رسم و رسوم عوض شده یا ما کم سعادتیم؟

من هیچ میلی به صحبت با انها نداشتم . حتی نگاهشان هم نمی کردم. همچنان سر به زیر گل های فرش را نگاه می کردم و لبه ی چادرم را سفت گرفته بودم .

- نه بابا این حرفها چیه ؟ مریم چادرش بلنده ترسید پاش گیر کنه بخوره زمین . شما هم که غریبه نیستید

- خوبه خیالم راحت شد . گفتم نکنه هنوز مریضه و ما دوباره بد موقع مزاحم شده باشیم . همه ی حاضران متوجه متلک خاله مهناز شدندولی هیچ کس عکس العملی نشان نداد و از این حرف گذشتند.

- خواهش میکنم خواهر . برای همه ممکنه پیش بیاد . شما سلامت باشید

حاج عباس با غرور بالای مجلس نشسته بود و حسابی از اینکه حرفش به کرسی نشسته بود سرحال بود و بادی به غبغب انداخته بود. او که روزهای زیادی حسابی دمق بود ، ان شب کلی خوشحال به نظر می رسید . و صدای خنده های بلندش که موقع حرف زدن با شوهر خاله مهناز تمام شب سالن را پر کرده بود ، گوشم را می خراشید. عجب پیروزی بزرگی نصیبش شده

بود ! صحبت های اولیه زده شد و من همچنان ساکت و سر به زیر داشتم گلهای فرش را پر پر می کردم. وقتی به خود امدم که دیدم خاله مهناز داشت انگشتر دستم می کرد . نمی دانم چطور شد؟ اصلا زنده بودم یا نه؟ نامزد شدم بدون اینکه بفهمم . شاید هم روحم پرواز کرده بود و خودم بی خبر بودم . برایم چادر و روسری و انگشتر و مقداری نبات و کله قند آورده بودند. خاله مهناز و رعنا صورتم را بوسیدند ولی رضا همچنان یخ و بی تفاوت بشسته بود . اضطراب و ناراحتی را می شد به راحتی در چهره زهرا ، من و رعنا دید اما بزرگتر ها انگار نمی خواستند باور کنند تا علتش را بپرسند. قند در دل مادرم اب می شد. حاج عباس هم با صورت گل انداخته بالای مجلس را گرفته بود و داشت با تسبیح جدیدش مجلس را کنترل میکرد. شاید هم منتظر اعتراضی از طرف من بود تا ادبم کند! بدون اینکه حرفی بزنم و یا ترشرویی کنم آنجا نشسته بودم و به انگشتر دستم نگاه میکردم. دیگر حرفی برای گفتن نمانده بود . همه چیز تمام شده بود و من و رضا به صورت رسمی نامزد شدیم. حاج رضا با صدای بلند صیغه ی محرمیت مارا برای دو هفته خواند و به خواست او قرار شد هر چه سریعتر مراسم عقد انجام شود و مراسم عروسی را برای یکسال بعد گذاشتند. و همه با فرستادن صلوات موافقت خود را اعلام کردند. من در تمام مدت داشتم فکر میکردم که حتی به عنوان عروس هیچ کس نظرم را راجع به تاریخ عقدم نپرسید ! از این مراسم مسخره و سوت و کور خنده ام گرفته بود .

خداحافظی کردند و رفتند. بدون هیچ حرفی بعد از رفتن انها به اتاقم رفتم و تا صبح فکر کردم.

از شب نامزدی اوصاع خانه عوض شد . حاجی جواب سلامم را می داد و حاج خانم چند کلمه ای بیشتر با من حرف می زد. چند روز بعد از مراسم خاله مهناز تماس گرفت و از امادگی ما برای رفتن به خرید عروسی و تدارک مراسم عقد پرسید. با اصرار من و با اینکه حاج خانم راضی نبود قرار شد که هیچ خریدی به جز سرویس طلا و حلقه انجام نشود تا زمان عروسی . انها هم موافقت کردند. .

به یاد مراسم عقد زهرا افتادم. آن موقع هیچوقت فکر نمیکردم به فاصله کمتر از یک سال، نوبت خودم هم برسد. خریدها و ریخت و پاش ها دوباره شروع شد. شیرینی و میوه از چند روز قبل سفارش داده شد. میز و صندلی و سفره عقد و دسته های زیبای گل رزرو شد . تمام حیاط را می خواستند ریسه های نور بزنند و کلی گلدان گل سفارش دادند تا دور تا دور حیاط بچینند. به سفارش حاج خانم دو کارگر خانم امدند و خانه را حسابی برق انداختند. مهمان هایی را که دوست داشتند دعوت کردند و طبق معمول خانواده دایی از ان محروم بودند! اصرار من هم کارگر نیفتاد و اسم دایی ام در لیست دعوت شده ها نوشته نشد! و تنها علتش فقر بود نه چیز دیگری!!

کلی لباس سفارش داده شد. از چادرنمازهای گیپور گران قیمت گرفته تا کت و دامن های مجلسی و جواب های ابریشمی. نمیدانم حاج خانم در کدام دنیا سیر میکرد؟ ؟

خوشبختانه مراسم عقد و عروسی جدا بود و من مثل زهرا مجبور نبودم شب به خانه ی داماد بروم . حاج عباس برای تازه دامادش انگشتر برلیان گرانقیمتی خریده بود . به سفارش او فیروزه ابی رنگی هم رویش کار گذاشته بودند که حسابی چشمگیرش کرده بود . چیزی به مراسم عقدمان نمانده بود. همه سعی داشتند خوشحال باشند و همه چیز درست پیش برود . با اینکه محرم رضا بودم و انگشتر نامزدی اش دستم بود اما حتی در ام دو باری که به انجا امده بود تا بعضی کارها را انجام دهد جواب سلامش را هم ندادم چه برسد به اینکه به او نگاه کنم و یا نزدیکش بشوم . حالا واقعا ستاره را درک میکردم . حق داشت از مردها متنفر بشود. واقعا دردناک است وقتی که دختری را بیگناه به بازی بگیری و او را طعمه هوسرانی های خود کنی. این زخمی که به دل یک دختر می نشیند و چرک میکند با هیچ مرهمی خوب نمی شود. او را از همه کس و همه چیز فراری می دهد. رعنا روز چهارشنبه ی قبل عقد به آنجا آمد و می خواست با من حرف بزند . او را بی محل کردم و به اتاقم رفتم. چون او هم در آن اتفاقات بی تقصیر نبود . و خوب میدانست که به شدت از او هم عصبانی هستم .

- مریم ، اومدم با هم بریم آرایشگاه

- لازم نیست. من ارایشگاه نمی رم

- آخه نمیشه که . تو عروسی . فردا شب عقدته

با خشمی آنی نگاهش کردم. از نگاهم ترسید و زبانش بند آمد.

- چرا با من اینجوری حرف میزنی؟ گناه من چیه؟

- عروس؟ از ارایشگاه و عقد و عروسی با من حرف میزنی؟ ؟ خجالت نمیکشی؟ از اتاقم برو بیرون . نمیخوام باهات حرف بزنم .

بغض کرده بیرون رفت . بعد از رفتن او چند ساعتی غرولندهای حاج خانم را تحمل کردم. دایم راه میرفت و غر میزد. که دخترهای مردم اِل و بِل ....

چهارشنبه بعد از ظهر کارتن های میوه و شیرینی از راه رسیدند. آنقدر زیاد بود که فکر میکردم نیمه شعبان است و حاجی میخواد کل بازار تهران را ولیمه بدهد. دو کارگر مشغول جابه جا کردن صندلی ها شدند و میزها را به همدیگر وصل می کردند و رویش رومیزی می انداختند. معلوم بود که میز سرو غذاست . حاج خانم پنج مدل غذا سفارش داده بود . با کلی مخلفات و دسر های مختلف . از یک شبانه روز قبل مشغول شده بود تا چیزی کم و کسر نباشد. ریسه ها را وصل کردند . حیاط چقدر زیبا شده بود . غروب هم سفره عقد را در سالن اصلی به پا کردند. واقعا زیبا و فوق العاده بود . مانندش را در هیچ کجا ندیده بودم . رویایی و با شکوه . قرار بود کیک سه طبقه ای را هم که زهرا سفارش داده بود ، همان عصر پنجشنبه بیاورند . آقا

مرتضی هم زحمت زیادی کشید . همه اش در رفت و آمد بود اما همچنان با من سر سنگین رفتار میکرد . سیبیل های حاج عباس از خوشحالی باد کرده بود و از اینکه موفق شده بود دخترش را مطیع کند و به خواست او تن داده بود احساس غرور میکرد. چه لذتی از این برایش بالاتر ؟ ؟

وقتی که از پشت پنجره اتاقم حیاط را می دیدم. و رفت و آمدها و ریخت و پاش هایشان را نگاه میکردم پرنسسی هستم که همه در حال تلاشند تا برایش بهترین ها را فراهم کنند و شاهزاده ای با اسب سفید قرار است بیاید و حلقه را در دستان پرنسس جاودان بسازد.

اما من خوشحال نبودم . پرنسس درونم این بریز و بپاش ها را نمی خواست . او می خواست آزاد باشد . می خواست درس بخواند و به دانشگاه برود . می خواست شاد باشد و برقصد و با دوستانش به سینما برود . پرنسس درون من احترام می خواست نه ساعت برلیان . او محبت می خواست نه بهترین سفره عقد را . او یک همزبان می خواست که غم های نوجوانی اش را به او بگوید و کنارش آرام بگیرد . بعد از خوردن شام آقا مرتضی و زهرا به منزلشان رفتند. و حاج خانم هم دوش گرفت و خیلی زود خوابید . من هم با کوله بار غصه هایم که فقط خودم میدانستم که چقدر سنگین است به اتاقم رفتم . ساعت نه شب بود و برای خواب خیلی زود بود . با ستاره طبق معمول حرف زدم . از سرنوشت شومم گفتم. و از فردایی که دوست نداشتم هیچوقت بیاید . گریه کردم ...

یک ساعتی گذشت . ستاره پیام فرستاد .

- مریم جان اگر واقعا تصمیمت برای زندگی با رضا است و ان را پذیرفتی ،
من حرفی ندارم. اما اگر نمی خواهی با او ازدواج کنی و فکر میکنی تحمل
این زندگی اجباری را نداری ساعت سه صبح سر کوچه منتظرت هستم .

چندین بار به موبالش تلفن کردم و چند بار پیام فرستادم . اما آن را خاموش
کرده بود .

ساعت سه صبح ؟ سر کوچه ؟ این به چه معناست؟ چطور میتوانم بروم ؟
فرار؟ من ؟ محال بود بتوانم این کار را بکنم . عقلش را از دست داده بود . با
خودم فکر کردم . به آتش کشیدن خودم راحت تر بود تا فرار از خانه پدری .
تلفنم را جواب نمی داد تا خودم تصمیم بگیرم . جواب منفی را در دلم به
ستاره گفتم و در رختخوابم دراز کشیدم . ساعت دوازده را نشان می داد . دو
ساعتی از آن فکر های سراسر وحشت نگذشته بود که فکرهای جدید تری
به مغزم هجوم آورد . فردا روز عقد من بود . من رسما و شرعا زن رسمی
رضا می شدم . آیا من واقعا رضا را به عنوان همسر و پدر فرزندان اینده ام
می خواستم . ؟ آیا رضا همان نبود که به راحتی من را به دیگری فروخت و
به دنبال عشق تازه اش رفت و حتی به او هم وفا نداشت و دوباره به سراغ
من امد؟ چه تضمینی بود که دوباره این کار را نکند؟ امکان نداشت او را
دوباره دوست داشته باشم . ستاره درست میگفت . باید از این خانه ی

مخوف و این پادگان نظامی بیرون میرفتم . باید سرنوشتم را خودم بنویسم و زیر بار حرف زور حاج آقا نروم . اما به کجا؟

ساعت یک شده بود . بدنم خیس عرق بود . بین زندگی ننگین با رضا و رهایی از این زندان و البته تمام مصایب و مشکلات بعدش ، باید یکی را انتخاب میکردم. خوب میدانستم با این کار تمام پل های پشت سرم را خراب میکردم اما با ماندنم تبدیل میشدم به مرده ای متحرک که باید یک عمر در اسارت مردی بمانم که دوستش ندارم و حتی از او بیزارم. که چه بسا مردن هزار بار از این زندگی برایم بهتر بود . بین دو راهی مانده بودم که اینده هیچ کدام برایم قابل پیش بینی نبود . سرگذشتی نامعلوم و حتما تلخ. گیج بودم. صدای ضربان قلبم را می شد به وضوح شنید . ساعت یک و نیم بعد از نیمه شب ...

باید چه کنم؟ در اتاق راه می رفتم و نجوا کنان دنبال راه سومی می گشتم . مغزم کار نمی کرد . تمام راهها مسدود بود. اما چطور باید انجامش می دادم؟ حاج عباس در سالن نزدیک در ورودی می خوابید . اگر مرا می دید چه می شد؟ دایم نقشه ی رفتن را در ذهنم مرور می کردم. خودم را لبه ی یک پرتگاه می دیدم که رضا در یک سمتم ایستاده بود و حاج عباس در یک سمت دیگرم. دستهای مرا گرفته بودند و مرا به سمت پرتگاه می کشیدند. هر چه قدر گریه و التماس کردم بی فایده بود و انها با یک اشاره مرا از بالای پرتگاه به پایین پرتاب کردند. درست بود . زندگی با آنها افتادن در پرتگاهی

بود که آنها می خواستند. و هیچ عاقبتی جز گرفتن جانم نداشت. تنها غصه ام زهرا بود . چطور از او دل بکنم؟ چطور دیگر خواهرم را نبینم؟ اشک چشمانم را خیس کرد. . . ساعت دو بعد از نیمه شب...

یک ساعت بیشتر زمان نداشتم . یک ساک چرمی کوچک زیر تختم بود . ارام و بیصدا بیرونش کشیدم . چند تیکه بلوز و تیشرت و شلوار و یک مانتو اضافه و دو تا روسری را داخل ساک جا دادم. از داخل کشو هم مقداری طلا و پول داشتم به اضافه شناسنامه و کارت ملی که لای لباسها جاساز کردم. یک عکس هم از زهرا داخل وسایلم گذاشتم و زیپ ساک را کشیدم. چیز دیگری نداشتم. نه میدانستم مقشد کجاست و نه می دانستم قرار است چه بر من خواهد گذشت . بلند بلند نفس می کشیدم. روی میز کنار تختم یک قرآن کوچک داشتم. آن را با دستان لرزان برداشتم ، بوسیدم و و به سینه ام گذاشتم. اشکهایم سرازیر شد و زیر لب می گفتم خدایا کمکم کن . . . یه جفت کفش از داخل کمد برداشتم و دستم گرفتم. در فلزی اتاقم که به سمت حیاط باز می شد و دایما قفل بزرگی را به آن میزدم با احتیاط باز کردم . ساک و کفش را به دست گرفتم و ارام وارد حیاط شدم . . بعد از طی کردن حیاط و باز کردن در وارد کوچه شدم . بعد از بستن ارام در پشت سرم ، فهمیدم که دیگر راه بازگشتی نیست . وقتی که از کوچه رد می شدم هر صدایی تنم را به لرزه می انداخت . احساس می کردم که هر لحظه

چشمهایی دارد مرا نگاه می کند و الان واویلا می شود. ترس وجودم را گرفته بود . هوا خیلی تاریک بود. هیچ چیز معلوم نبود .

- مریم؟ مریم اومدی؟ بیا اینجا

- کجایی ستاره ؟

- اینجام . بیا. تواین ماشین بغل تیر برق

دویدم و خودم را به ماشین رساندم و سوار شدم. ماشین که روشن شد و حرکت کرد نگاهم به سمت کوچه و خانه ای که تا آن لحظه خانه ام بود ، چرخید. آن نگاه به اندازه تمامی دوران کودکی و نوجوانی ام داغدار بود و تمام خاطراتم را می بایست فراموش می کردم و گذشته ام را در خاک دفن می کردم. بغض گلویم را می سوزاند و چشمانم بود که گریست یا قلبم ، نمی دانم.

- سلام مامان برگشتی؟

- سلام رها خانم. آره عزیزم. بدو بیا بغلم

- خوبی دخترکم؟

- آره ولی گرسنمه . چی داریم؟

- الان برات یه چیزی روبراه می کنم.

از جایم بلند شدم و به اشپزخانه رفتم. رها هم تلویزیون را روشن کرد و مشغول تماشا شد. ساعت تقریبا نه شب بود و وقت برگشت محمود و من هنوز غذایی آماده نکرده بودم. سرگذشت مریم حسابی از کارهای روزمره زندگی دورم کرده بود. دوست داشتم زودتر از سر گذشتش سر در آورم و پرونده اش را باز کنم. از یخچال گوشت چرخکرده همراه با قارچ در اوردم. سریع انها را تفت دادم و برای دورچین بشقاب هم سیب زمینی سرخ کردم با مقداری گوجه فرنگی و خیارشور. نیم ساعته آماده شد و محمود از راه رسید. غذای ساده و کاملی بود و رها هم حسابی از خوردنش لذت برد. مشغول نگاه کردن به سریال برگهای پاییزی که تازگی ها از تلویزیون پخش می شد بودیم ، که متوجه شدم محمود زیاد دل و دماغ ندارد. خیلی خسته بود و نشان می داد که روز خوبی نداشته است. من هم از آنجایی که سالهاست او را می شناسم می دانستم که میلی ندارد از او در این مواقع سوال و جواب بشود و خودش اگر بخواهد با من صحبت می کند. به رها در درسهایش کمک کردم و ساعت یازده بود که به اناقش رفت و من هم کمی کنارش دراز کشیدم تا بخواب برود. برای محمود هم چایی و میوه آوردم و بعد از کمی صحبت های معمولی به اتاقم رفتم تا کمی تنها باشد و به آرامش برسد.

در طول مسیر نه من از ستاره سوالی پرسیدم و نه او با من صحبتی کرد و حتی نمی دانستم داریم به کجا میرویم. ماشین جلوی درب سالن ارایشگاه

خانم محبی ایستاد. و من از کرایه ای که ستاره به راننده داد فهمیدم که ماشین اجاره بود و باید پیاده شویم. با بازشدن درب آرایشگاه توسط ستاره خیلی سریع داخل شدیم و دوباره در را از داخل قفل کردیم. احساس آرامش کردم . چرا که جای ناشناسی نبود و برای آن موقعیت جای مناسبی بود. چراغ را روشن کردم و ساکم را گوشه ی سالن زمین گذاشتم. هر دو روبه روی هم نشستیم. ستاره نگاهم کرد. چشمم به طرف ساک سفرم چرخید و همه چیز دوباره به یادم آمد. من بودم که از خانه پدری ام فرار کرده بودم. دیگر نه خانه ای داشتم و نه خانواده ای . با آینده ای مبهم و نامعلوم و بدون هیچ امنیت و پناهی . زار زار اشک ریختم . ستاره هیچ کاری غیر دلداری من نمی توانست انجام دهد. دوباره چشمم چرخید و یک کوله پشتی کنارتخت توجهم را جلب کرد. با تعجب نگاهش کردم.

- این چیه؟

- بهش میگن کوله

- برای کیه؟

- برای من

- تو دیگه چرا؟

- چی فکر کردی تو ؟ فکر کردی تنهات میزارم ؟

- یعنی چی؟ نمیفهمم اصلا

- چیو نمیفهممی؟ منم میخوام باهات بیام خب. محاله تنهات بزارم.

- نه ستاره . تو نکن

- من تصمیم خودمو گرفتم . منم یک دختر داغون و برباد رفته ام که فعلا مادرم چیزی ازم نمی دونه . دیر یا زود اونم میفهمه که چه بلایی سرم اومده و زندگیش تباه میشه. منم داغون تر از الانی که هستم میشم.

- زندگی تو با من فرق داره آخه

- بی خیالش . هر جای دنیا بری هستم باهات . حتی اگر به خاطرت بمیرم.

خدا را شکر کردم به خاطر این عزیزی که به من داده بود تا خلاهای چیزهایی که نداشتم را پر کند خوابیدم . ستاره هم روی صندلی خوابش برده بود. با صدای جیر جیر تخت او هم بیدار شد.

- بیدار شدی ؟ ساعت چنده ؟

- نمی دونم

- ساعت هشته . پاشو سریع بریم. مادرم تا قبل از ساعت نه توی ارایشگاست
.

- به مادرت چی میگی؟ نگرانت میشه

- براش یه یادداشت گذاشتم . میزارم اینجا اومد ببینه . ما که نمی خوایم برای همیشه بریم. یه مدت میریم یه جایی قایم میشیم. همه چیز که آروم شد برمیگردیم. تو هم میای با خودمون زندگی میکنی.

با حرفهای ساده ستاره دلخوش شدم. آرامش تا حدودی به سراغم آمد. لباس پوشیدیم و بیرون رفتیم. به ترمینال رفتیم و دو تا بلیط به مقصد رشت گرفتیم. در طول مسیر به اوضاع حاکم بر خانه فکر میکردم. تا الان همه با خبر شده بودند و خوب میدانستم چه جهنمی بر پا شده بود. حال و روز حاج عباس قابل پیش بینی بود. دختر حاج عباس معتمد و بزرگ محل ، نفر اول هییت امام حسین روز ازدواجش از خانه فرار کرده بود! کم مصیبتی نبود. حاج خانم هم که الان غش کرده بود و توی درمانگاه زیر سرم بود. به زهرا که رسیدم یخ کردم. عذاب وجدان به سراغم آمد و اشکم سرازیر شد. انگار چشمانم قسم خورده بودند ، هر زمان یاد او در ذهنم روشن شود ، انها ببارند. ستاره دلداریم می داد و گفت که باید امیدوار باشم و حالا که این تصمیم را گرفته ام راه برگشتی ندارم و نباید دیگر با این افکار خودم را مریض کنم. ارزو کردم کاش یک روح نامریی می شدم و به خانه برمی گشتم. عکس العمل ها را ببینم و مخصوصا برخورد رضا را با این قضیه . چطور عقد را کنسل می کردند و به مهمان ها چه می گفتند.

چه زلزله ای رخ داده بود . مسیر تهران تا رشت بسیار زیبا بود . از قزوین که رد می شدیم ، سبزتر و زیباتر می شد و بوی شرجی خاک و شن ها و

چمن های خیس را می شد به خوبی حس کرد. در ترمینال رشت باید یک بار دیگر ماشین سواری می گرفتیم تا به شهر بندر انزلی برسیم. ستاره میگفت همیشه همراه مادرش به بندر امزلی می رفتند و آنجا یک آشنا هست که به آنها اتاق اجاره می دهد. خیالم اسوده بود که ستاره نا آشنا نیست و از آنجا که دختر عاقل و دانایی است به خوبی می دانست چه می کند. بنابراین من به او اعتماد کردم.

به محل مورد نظر رسیدیم. خیلی خسته بودیم . بی خوابی هم امانم را بریده بود. خانم صاحبخانه که عفت خانم نام داشت به پیشواز ما امد. زن خوش سرو زبانی بود. ستاره را خیلی سریع شناخت و صورتش را بوسید. او ما را به سمت سوییتس در قسمت دیگری از حیاط راهنمایی کرد . ستاره مرا ندا دختر عمویش معرفی کرد که دانشجو هستم و چند روزی را با او به مسافرت رفته ام. و می خواهیم به اردبیل برویم چرا که مادر ستاره آنجا منتظر ماست . ؟

عفت خانم هم به ظاهر حرفهایش را باور کرد . گویا همسری نداشت و تنها خانواده اش دو پسر بود. پسر بزرگش حدود بیست سال و پسر کوچکش هم حدود دوازده یا سیزده سال به نظر می رسید. از اوضاع و احوال و ظاهر پسر بزرگ. عفت خانم که او را جعفر معرفی کرد ، مشخص بود که اعتیاد دارد و اوضاع وخیمی داشت و تنها پوست و استخوانی بود با چشم های گود رفته .

لحظه ای که او را دیدم دچار وحشت شدم ولی سناره به من خاطر جمعی داد که نگران نباشم و او خطری برای ما ندارد.

یک ساعتی از رسیدن ما نگذشته بود که جلیل با سینی غذا سراغمان آمد و سریع رفت. عفت خانم املت گوجه فرنگی همراه ماست و زیتون تهیه کرده بود. چند لقمه ای که خوردم به حمام رفتم و بعد بیهوش و چیزی شبیه مرگ به خواب رفتم. روز بعد نزدیک ظهر بود که بیدار شدم. ستاره قبل از من بیدار شده بود و داشت داخل حیاط با عفت خانم صحبت میکرد. زمزمه هایی می شنیدم اما درست متوجه گفتگویشان نشدم. ستاره که متوجهم شد ، برایم دستی تکان داد و بعد از خداحافظی با عفت خانم به سمت سوییت حرکت کرد.

- سلام بالاخره بیدار شدی؟ فکر کردم مردی

- سلام. از این شانس ها ندارم بابا

- این حرفها چیه دختر؟ صبحونتو بخور. چایی هم حاضره

- میخورم باشه

- بخور بریم خرید. باید برای این چند روزه خرید کنیم.

- خوبه بریم.

هوا خیلی شرجی و نمدار بود. انقدر گرم بود که درست نمی توانستم نفس بکشم. دو ساعتی را در بازار چرخیدم. ولی از شدت شرجی بودن این فصل

سال تصمیم گرفتیم به ویلا برگردیم و غروب دوباره برای گردش به بیرون برویم. نهار را هم آماده در شهر خوردیم و به طرف ویلا راهی شدیم. وقتی که به ویلا رسیدیم جلیل پسر کوچک عفت خانم را دیدیم که داشت از پشت پنجره به داخل اتاق ما نگاه میکرد. سرش را به شیشه چسبانده بود و متوجه حضور ما نشد . ستاره پرید و با نوک انگشت به پشت سرش ضربه زد. جلیل ترسید و نفسش بند آمد. من و ستاره هم کلی خندیدیم و سر به سرش گذاشتیم. جعفر از اتاق خودش سرش را بیرون اورده بود و با اخمی ترسناک و صدای غرش مانندی جلیل را صدا زد. مثل اینکه کل ماجرا را دیده بود و ناراحت شده بود. جلیل هم ترسید و با دلواپسی آنجا را ترک کرد و ما هم به اتاقمان رفتیم. حیاط ویلا به دو قسمت تقسیم می شد. از کنار در ورودی پله هایی مارپیچ به سمت بالا قرار داشت که باریک و قدیمی بود و اتاق ما بعد از طی کردن چند متری تراس مانند مشرف به حیاط ، به اتاق ما ختم می شد. دو اتاق و اشپزخانه دیگری را هم که در آن طرف همکف حیاط قرار داشت محل زندگی عفت خانم و بچه هایش بود. وسایل را مرتب کردیم و مشغول تمیز کردن اتاقمان شدیم . تلویزیون کوچک و قدیمی و یک یخچال و یک اجاق گاز فرسوده و زنگ زده و چند تیکه قالیچه کهنه و سوخته ویک مقدار وسایل ابتدایی لوازم و اثاثیه اتاق را تشکیل می داد. من که تا آن لحظه تجربه زندگی در همچین جایی را نداشتم و ندیده بودم ، با دیدن آنجا غر میزدم و نمی توانستم ناراحتی ام را پنهان کنم. ستاره هم

دایم یاد آوری میکرد که برای شرایط ما اینجا بهترین گزینه است و چاره دیگری نداریم! و این حرف کاملا درست بود. عصر بود و من خسته دراز کشیدم و ستاره هم به حمام رفت . چشمانم را بسته بودم که احساس کردم یک نفر دارد نگاهم میکند. دایم سایه ای را ناظر بر خودمان می دیدم. استرس و شرایط ان روزهایم طوری بود که کوچکترین صدایی مرا می ترساند و هر لحظه انتظار می کشیدم که در باز شود و حاج عباس وارد اناق شود و با تسبیحی که داشت مرگم را برساند. ترس از نگاهش و اخمی که همیشه ابروهای پر پشتش را چین می انداخت باعث می شد که هرگز به فکر بازگشت به خانه نیفتم. انقدر که از برگشت به آن خانه می ترسیدم ، از مردن نمی ترسیدم. بلند شدم و در را از داخل قفل کردم. پرده ها را کامل کشیدم و هیچ روزنه بازی را نگذاشتم. ستاره از حمام که امد متوجه ناراحتی و ترسم شد.

- چیه باز مریم؟ گرفته ای که

- یکی همش نگاهمون میکنه

- نه بابا. چون جلیل رو پشت پنجره دیدی اینطوری همش حس میکنی . نترس .

- همیشه درو قفل کن . من خیلی میترسم.

- باشه بابا . گرچه احتیاجی نیست

به ساحل رفتیم و تا ساعت نزدیک به ده شد برگشتیم. خیلی خوش گذشت. دلی به دریا زدیم و لذت وافر بردیم. با شن های ساحل شکل های مختلف ساختیم و اسم همدیگر را روی شن ها می نوشتیم. خسته و خیس با یک بدن چسبناک به ویلا برگشتیم. به حمام رفتیم و شن ها را زیر دوش آب شستیم . ستاره پشتم را شست و موهایم را شانه زد. گرمای بدنش را دوست داشتم. نمی شد از او چشم برداشت. واقعا زیبا بود . بیشتر از آنچه بتوان توصیفش کرد زیبا بود. هیچ عیبی نداشت. به بیرون که امدیم ستاره لباس خواب پوشید و منم یو تاپ شلوارک سبز. اولین بار بود که احساس راحتی می کردم . بدنم سبک بود و مثل یک پر دوست داشتم بالا و پایین برم. جلوی ایینه رفتم و موهایم را که تا کمر می رسید شسوار کشیدم. یه غذای اماده خوردیم و کنار هم نشستیم و فیلم های مسخره تلویزیون را دیدیم. دوباره آن سایه را پشت پنجره دیدم.

- اون کی بود؟

- کی؟

- اونجا. پشت پنجره. داشت نگاه میکرد

- هیچکی . من چیزی ندیدم

- اما من دیدم.

- فکر و خیاله مریم. این وقت شب همه خوابن. کسی نیست

بلند شد و رفت پشت پنجره. برقهای واحد عفت خانم خاموش بود و اثری از کسی دیده نمی شد. پرده ها را کشید و در را هم قفل کرد.

- کسی نیست . خیالت راحت

بعد از خوردن شام ، برق آشپزخانه را روشن گذاشتیم و باقی را خاموش کردیم. رختخوابها را پهن کردیم و دراز کشیدیم. چشمهایم را بستم و بار دیگر اوضاع خانه حاج عباس را تصور کردم. آن. شب سومین شبی بود که از خانه خارج شده بودم. داشتند چکار می کردند. حاج خانم که راه میرفت و نفرین می کرد و حاج عباس هم با دنیا در قهر و دارد نقشه یتلم را می کشد. و زهرا خواهر معصومم عذادار من است و قلبش ویرانه شده است .

- مریم خوابی؟

- نه

- داری فکر میکنی؟

- اره

- به چی ؟

- اینکه الان چه حالین؟

- داغون . حقشونه

- تا حالا چیکار کردن ؟

- به بیمارستانها و کلانتری ها خبر دادن. شایدم خونه دوست و آشناها

- عمرا . حاجی هیچوقت خونه ی فامیل نمیره . غرورش اجازه نمیده.
کلانتری و بیمارستان شاید

- پلیس ها دنبالمونن

- باید چیکار کنیم؟

- هیچ. فعلا که جامون امنه .

- بعدش چی؟

- اب ها که از اسیاب افتاد برمیگردیم تهران و می ریم آرایشگاه. تو رو میبرم
پیش خودم و تا همیشه با همیم

- اگه مامانت قبول نکرد چی؟

- قبول میکنه . اگرم نکرد بازم با هم میریم یه جای دور که دست هیچکی
بهمون نرسه

- راست میگی؟

- آره. من هیچوقت ولت نمیکنم.

- چرا باید برام این کارو بکنی؟

- نمیدونم. شاید چون عاشقت شدم.

و بعد با حالت خاصی نگاهم کرد که دوست داشتم درش ذوب بشم .

- حالا ول کن این حرفهارو . باشه؟ بیا پیش من . بیا نزدیک.

آرام کنارش دراز کشیدم. دستش. را زیر سرم گذاشت و به طرف من چرخید. با دست دیگرش صورتم را لمس کرد . موهایم را نوازش میکرد و نفس به صورتم میخورد

- آب بازی امروز چه حال خوبی داد

- دریا واقعا با صفاست. آدم احساس آرامش میکنه

- آب دریا رو نمیگم. توی حموم رو میگم. وقتی باهات زیر دوش بودم احساس خوبی داشتم.

- منم همین طور

- قول میدی همیشه با هم بریم حموم؟

- خندیدم و به چشمهایش زل زدم. او شده بود همه ی زندگیم و تنها کسی بود که داشتم.

- دوست دارم

- منم

لبهایش لبهایم را بوسید . وقتی که داشت بدنم را نوازش میکرد حال خودم را دیگر نمی فهمیدم. بدنم داغ شده بود و قلبم تند و تند می زد . احساس میکردم که دو نفر نیستیم و با هم پیوند خوردیم . دقیقه ها می گذشت و

من از بودن با او خسته نمی شدم. یک ساعتی گذشت تا به خود آمدم .
ستاره با بدن عریانش به گوشه ای خزیده بود. من هم به پشت دراز کشیده
بودم و نفس نفس میزدم. یک باره همان سایه . از نور کم متوجه قیافه اش
نشدم. با دیدن من فرار کرد و نا پدید شد و من جیغ کوتاهی کشیدم و پتو
را روی خودم کشیدم.

- چیه ؟

- دوباره اومد. داشت نگاه میکرد.

- بازم که شروع کردی؟ کدوم یه نفر؟ ول کن تو رو خدا

- راست میگم به خدا . داشت مارو می دید.

- اگرم بوده تو این تاریکی چیزی معلوم نیست . درم که قفله

به ناچار بلند شدم و لباسهایم را پوشیدم و سر جایم دراز کشیدم . ستاره هم
بلند شد و کنارم خوابید . روز بعد با صدای در بیدار شدیم . ستاره در را باز
کرد . عفت خانم بود. گفت که می خواهد به رشت برود و اگر چیزی لازم
داریم بگوییم چون تا فردا باز نمی گردد. ستاره از او تشکر کرد و بعد از
خداحافظی در را بست . میلی به بیرون رفتن نداشتیم. هوا به شدت گرم بود
و گشت و گذار جالبی نمی شد.

- مریم تو با خودت پول آوردی؟

- آره چقدر میخوای؟

- من داره پولم تموم میشه . چقدر داری کلا؟

- پولهایم را که داخل ساک بود بیرون آوردم و مقابلش گذاشتم. پولها را شمرد. حدود هفتصد هزار تومان بود.

- برای الان خوبه . ولی خیلی دوام نمیاریم باهاش . اجاره ویلا هم هست. باید یه فکری بکنیم.

- من طلا هم دارم ببین به درد میخوره؟

- ببینم چی هستن؟

طلاها را روی زمین ریختم. چند تا النگو و گردنبند و دو جفت گوشواره

- بد نیست. فعلا همراه پولها بزارشون تو ساک تا بعد ببینیم چی میشه

ساک را دوباره بستم. برای ناهار ماهی سرخ کردیم و خوردیم. نزدیک عصر بود که به حیاط رفت تا قدمی بزند . اما من نمی خواستم با کسی برخورد داشته باشم. مطمئن بودم شب قبل یکی از آنها من را با ستاره دیده بود. ولی او حرفهای مرا باور نمی کرد. از پشت پنجره متوجه شدم که جعفر و ستاره دارند با هم حرف میزنند. جعفر اخم کرده بود و ستاره با حالتی عصبی با او حرف می زد. خودم را لای پرده ها قایم کردم تا متوجه من نشوند. آنها چه حرفی داشتند که با هم بزنند؟ گفتگوی آنها شبیه یک بحث معمولی نبود. . بیشتر شبیه مشاجره بود. جعفر تند تند سیگار دود میکرد و ستاره هم کفش هایش را به زمین می سایید. پانزده دقیقه ای شاهد این

مکالمه بودم. ستاره به طرف اتاق حرکت کرد و من خودم را دزدیدم و به اشپزخانه دویدم. .

- چطوری؟ چیکار میکنی؟

- خوبم. میخوام چایی بزارم

- به به . چایی خوردیم بریم بیرون؟

- آره بریم

- چیزی شده ؟

- نه چطور مگه؟

- آخه عصبی به نظر میرسی

- نه اصلا. خیلی هم خوبم

لبخندی هم چاشنی دروغم کردم که بحث تمام شود. غروب به دریا رفتیم. و بعد هم به مرکز خرید سری زدیم. می خواستم خرید گنم که یاد بی پولی و مشکلات بعدی افتادم و پشیمون شدم. ستاره دذواپسم بود و به خاطر من فراری شده بود.

- ستاره تو یه چیزیت شده . چرا نمیگی چی؟

- هیچی بابا . یکم عصبیم

- چرا؟

- جعفر رو که دیدی؟ پسر بزرگ عفت خانم

- خب ؟

- قبلا خواستگارم بود. سه سال پیش که اومدیم اینجا عاشقم شد و خواستگاری کرد. نه من سن و سالی داشتم نه اون کار و بار شغلی . تازه میخواستم برم دبیرستان . برای همین قبول نکردم.

- خب حق داشتی. اعتیادم داره. شوهر خوبی برات نمی شد

- اون موقع که معتاد نبود. بعدا شد. و گفت که به خاطر تو بوده خودمو بدبخت کردم. حالا هر وقت میبینمش عذاب وجدان میگیرم.

پس جریان این بود . می دانستم که ستاره آدمی نیست که چیزی را از من مخفی کند و به من خیانت کند. شام ماکارانی درست کردیم . کمی تلویزیون دیدیم و به رختخواب رفتیم. در اتاق ماندن آن هم در آن شرایط و هوای شرجی آن فصل سال خیلی کسل اور بود. تنهایی و مسافرت ما را بیشتر از قبل به من نزدیک و وابسته کرده بود. دستم را به دور گردنش حلقه کرده بودم و می بوسیدم .

- تو چقدر خوش بویی . بوی بدنت دیوونم میکنه

- پوست توام دقیقا این کارو با من میکنه

باران می بارید و اسمان حسابی غرش می کرد و با اینکه تابستان بود اما این تغییرات آب و هوایی در شمال ایران چیز عجیبی نیست. ما نه اط طوفان

می ترسیدیم و نه از غرش های رگباری آسمان. ما سر خوش هم بودیم و غرق در دنیای دیگری که تازه کشفش کرده بودیم . غرش دیگری آمد. اما این غرش دیگر صدای باران نبود. صدای کوبیدن در بود و صدای نعره و جیغ عفت خانم.

مگر او به رشت نرفته بود؟ با پاهایش محکم به در می کوبید و یکباره وارد اتاق شد. من و ستاره خشک شده بودیم . این دیگر چه عذابی بود نازل شد؟ ما حتی یک تکه لباس هم به تن نداشتیم. از وحشت بدنم در حال لرزیدن بود. ملحفه ای را دور خودم پیچیدم و به کنج اتاق دویدم و خودم را مچاله کردم و اشک می ریختم. ستاره هم با چشمان گرد و وحشت زده پتو را بالای بدنش کشید و عفت خانم را نگاه میکرد.

- دارید چه غلطی میکنید؟ اونم تو خونه ی من. خدا لعنتتون کنه حروم زاده ها. من دو تا پسر یتیم تو این خونه دارم. گناه و فساد به خونم اوردین. زود باشید گم شید برین بیرون . والا پلیس خبر میکنم. یالا گم. شین

این را که گفت خارج شد. باز هم سایه را دیدم. این بار خوب شناختمش . جلیل بود. او بود که مارا زیر نظر داشت و به عفت خانم که به ما مشکوک بود خبر داده بود. ستارهدسریع بلند شد و به من هم گفت هر چه زودتر لباسهایم را بپوشم و اماده شوم برای رفتن. دستهایش سریع عمل می کردند و تند تند همه چیز را جمع میکرد. به داخل حمام دویدم و لباسهایم را پوشیدم. ستاره کوله اش را به پشتش انداخته بود و کنار در منتظرم بود .

- حالا این وقت شب کجا بریم؟

- نمیدونم. فعلا باید از این خونه بریم. من میرم پایین ببینم ماشین میبینم. توام جمع کن بیا

این حرف ستاره باعث شد بیشتر دنبال وسایلم باشم همه چیز را با آخرین سرعتی که می توانستم داخل ساک دستی ام پرت کردم و آن را به دست گرفتم و کفش هایم را سر پا انداختم و از در بیرون رفتم. تاریک و سرد . باران هم همچنان میبارید عفت خانم را دیدم که از پشت شیشه اتاقش داشت من را نگاه میکرد. از ترس دایم پشت سرم را نگاه میکردم . . پله ها را خوب نمی دیدم. خیس و لغزنده بودند. داشتم پشت سرم را می دیدم که با چرخش من پایم لغزید و با جسم بزرگی برخورد کردم. غلت زدم و از پله ها سقوط کردم. خوب نمی دیدم اما جلیل را شناختم. از بس عجله داشتم و زمین لیز بود که جلیل را که در پیچ پله مخفی شده بود ندیدم. بلند شدم تا ساکم را بردارم که صدای جیغ عفت خانم تنم را لرزاند و همراه با جعفر به ما سمت ما دویدند. من هم از ترس به طرف در خروجی فرار کردم. چشمانم دنبال ستاره بود. صدایش میزدم. بلند و بلند تر. . . هیچ اثری از او نبود. به این طرف و ان طرف می دویدم و با گریه و بی نفس صدایش میکردم. ستاره رفته بود . دیگر نه پایی برای رفتن داشتم و نه دیگر انگیزه ای برای فرار. دیگر برایم مهم نبود پلیس بیاید یا نه . حاج عباس بیاید یا نه . دیگر مهم نبود بمیرم یا نه . در کنج دیوار نشستم و گِلهایی را که باران ساخته بود بر

صورتم می مالیدم و مثل نوعروس مرده ها صورتم را آرایش میکردم. فکرم در دوردست ها می چرخید و یاد حرفهای دلگرم کننده و زیبای ستاره می افتادم. یاد اولین باری که فهمیدم عاشق رضا شده ام. یاد روزی که به اتاقم آمد. یاد شبی که خواستم خودم را بکشم و یاد حلقه نامزدی که به دستم کردند. یاد درد ضربه های تسبیح حاج عباس بر بدنم...

صدای شیون عفت خانم می آمد. جعفر گریان و عصبانی به کوچه دوید. مرا که دید به سمتم حمله ور شو و انقدر مرا زد که بیهوش شدم . خودم را روی تخت درمانگاه اگاهی بندرانزلی پیدا کردم. به جرم قتل و متوالی بودن از من شکایت کرده بودند. جلیل دچار ضربه مغزی شده بود و از دنیا رفته بود و من باعثش بودم بدون هیچ عمدی. او مرد و من زنده مانده بودم.

بعد ها متوجه شدم که ستاره تمام پولها و طلاها را با خود برده بود و به قصد فرار مرا تنها گذاشته بود. یک بار بیشتر خانواده ام را ندیدم. حاج عباس که نیامده بود و زهرا و حاج خانم هم که شبیه مرده های سرگردان شده بودند. حال مادرم هم خوب نبود . درست مثل حال دخترش . حال دختری که خودش پرورش داده بود و دختری که هزار امید و آرزو برای آینده اش داشت و حالا به این روز افتاده بود .

با من چه کردید؟ بچگی ام را خراب و جوانی ام را نابود کردید. مگر من بنده ی خدا نبودم؟ چطور خانه ام را برایم تبدیل به زندان کردیدو خودتان زندان بانم شدید؟ شما حق انسانیت را از من گرفتید . شما حق زن بودن و زندگی

کردن را از من گرفتید. به من اتهام قتل زدید و به من گفتید همجنسگرا. . .
در صورتی که من هنوز معنی آن را نمیدانم و این فقط یک حس لحظه ای
بود و بس.

عفت خانم و جعفر شهادت دادند که رابطه جنسی من و ستاره را دیدند و
این باعث انتقام جویی من شده و به عمد خواسته ام جلیل را ازار بدهم. .
من با ستاره رابطه داشتم اما من او را دوست داشتم و این حسی بود که
ناخودآگاه پیش آمد و در قدرت اختیار من نبود . چرا که نسبت به هیچ
کس دیگری این احساس را نداشتم هیچوقت. گناه من عشق و وابستگی بود
که در او احساس میکردم . به من برچسب قاتل خورد در حالی که خانواده
من خوب میدانند که من تا به حال آزارم به مورچه هم نرسیده است و این
فقط یک اتفاق بود. طردم کردید و تنهایم گذاشتید. با ازدواج اجباری برایم
می خواستید قدرت نمایی کنید و مرا به ازدواج با کسی در بیاورید که نمی
خواستم. من هیچگاه یک دختر فراری نمی شدم اگر و تنها اگر کمی درکم
میکردید . برایم راهی نگذاشتید جز فرار آن هم از جایی که باید امن ترین
نقطه دنیا برایم بود. دنبال رهایی بودم . از زورگویی . از بند حجاب اجباری.
از بند اداب و رسوم های مسخره و سطحی ....

سلام مرا به دایی و زن دایی ام برسانید. به او بگویید نگران طرد شدن و
تنهاییت نباش. این جماعت به پاره ی تنشان هم رحم نکردند. زندگی
هیچوقت آن ذچیزی نیست که ما می دانیم . زندگی اتفاقا ان قسمتی است

۲۱۶

که نمی دانیم . همیشه آن چیزی که برای شما خوب است قرار نیست برای

دیگران هم خوب باشد . نمی دانم چقدر به انتهای این فصل خاکستری

زندگیم مانده است اما خوشحالم . خوشحالم که زندگیم زودتر از آنچه که

فکر می کردم تمام می شود . نگران نیستم و خدا را شکر میکنم که مجبور

نیستم عمری طولانی با این جماعت همیشه طلبکار و البته ریاکار داشته

باشم. اگر گناهکارم یا بدکار و اگر فرزند ناصالح هستم و یا بنده ای جفاکار ،

هر چه هستم خودِ خودم هستم و نه نقاب بزک شده یِ دست این جماعت

و می دانم خدا هم مرا خواهد بخشید به خاطر خطایم و او با من است . .

مریم

خداوندا این دیگر چه سرنوشتی بود؟ خداوندا باران پاک و منزه ات را بباران

که گناه و ستمگری دنیا را نجس کرده است. این دختر واقعا بی گناه است.

خدایا کمکم کن تا کمکش کنم. مریم یک قربانی است . قربانی این فرهنگ

خودخواه . . . بارها این جمله را تکرار کردم . خدایا کمکم کن تا کمکش

کنم.

موکلان بسیاری داشته ام که قسمت اعظمی از آن را جوانان تشکیل دادند.

آه ، گلویم را تلخ کرده بود. اشک مثل باران از گونه هایم سرازیر می شد.

دختر حاج عباس فقط و فقط به جرم ازادی خواهی به این راه افتضاح

کشیده شده بود. از خستگی و با سنگینی رنجی عظیم به خواب رفتم. صبح روز بعد اولین کاری که انجام دادم به مادر مریم تلفن کردم.

- الو سلام علیکم

- سلام بفرمایید

- عاطفه سلطانی هستم. در مورد پرونده دخترتون زنگ زدم.

- بله بله . ببخشید به جا نیاوردم.

- خواهش میکنم . می خواستم بگم که وکالتش رو به عهده میگیرم و مطمئن باشید هر کاری از دستم بر بیاد انجام میدم.

راست میگی دخترم؟ خوشحالم کردی. داشتم ناامید می شدم. الهی خیر ببینی. حالا راهی هست؟

- پرونده خیلی سنگینیه. اما من تمام تلاشمو میکنم . امید به خدا

- ممنونم دخترم. دست مزدتون هر چی باشه پرداخت میکنم

- اون که مهم نیست . باید با چند نفری از قضات حرف بزنم . متاسفانه تا اونجا که شده پرونده رو سنگین کردن و یک شاکی خصوصی برای قتل هست . من تلاشمو میکنم. بعدا برای نوشتن قرارداد همدیگرو میبینیم.

- پس من منتظر تماستون هستم.

- خدانگهدار

- خدانگهدار

باید کلی کار انجام می دادم . احوالم بهم ریخته بود . پرونده ی مشکلی بود و من مشغول برنانه ریزی دقیقی بودم تا درست و هماهنگ عمل کنم و چیزی از قلم نیفتد. به دیدن سه نفر از بهترین و منصف ترین قضات رفتم و از حال و روز مریم مختصری گفتم. متفق القول معتقد بودند که اگر شکایت حاج عباس را در مورد فرار از منزل زیر سن قانونی و برداشتن پول و طلا بدون اجازه آنها و روابط خارج از عرف با هم جنس را هم در نظر بگیریم ، باز هم کمک شایان توجهی به او نمی کند. چرا که یا شاکی خصوصی و خواهان قصاص در مورد پرونده قتل دارد. رضایت خانواده خدایاری یا همان عفت خانم از همه مهم تر و مشکل تر بودو باید اول به دیدن او می رفتم . مورد بعدی رضایت حاج عباس و بعد توبه مریم و ابراز پشیمانی و کشیدن مدتی حبس به خواست و نظر قاضی. یک هفته دیگر جلسه دوم دادگاهی مریم بود و من باید گزارشات خوبی ارایه می دادم. از داخل پرونده در دادگستری شماره تلفن منزل خدایاری را گرفتم و بد از کلی التماس و خواهش و شنیدن بد و بیراه های عفت خانم موفق شدم برای دو روز بعد با او قرار ملاقات بگذارم. باید به بندر انزلی میرفتم و از نزدیک با آنها حرف میزدم. قدم بعدی هم رضایت حاج عباس بود. از صبح تا ان موقع روز که ساعت چهار را نشان میداد، چیزی نخورده بودم . به یک فست فود فروشی رفتم و یک ساندویچ سفارش دادم . به محمود تلفن کردم و خبر دادم که

نگران نباشد و در مورد مشکلاتم کمی با او مشورت کردم. هنوز چند دقیقه ای نگذشته بود که دوباره صدای زنگ تلفنم قلبم را لرزاند. شبیه همان زنگهای بی موقع معروف ...

- الو

- الو عاطفه خانم ؟

- بله. حاج خانم شمایید؟ چه جالب . می خواستم بیام دیدنتون

- چطور؟

- می خواستم با حاج آقا در مورد بخشی از شکوایه های داخل پرونده صحبت کنم. یه وقت ملاقاتم برای دو روز دیگه از خانواده ی خدایاری گرفتم که برم شمال دیدنشون.

صدای لرزش توام با گریه ی حاج خانم داخل گوشم پیچید.

- مریم. مریم مرد .

- الو؟ الو؟ حاج خانم؟

مریم خودکشی کرده بود. سریع به طرف زندان حرکت کردم و با هزار خواهش و نشان دادن کارت وکالت کارد شدم. متاسفانه درست بود. مریم در دستشویی خودش را حلق آویز کرده بود . روی صندلی افتادم و زار زار گریه کردم. عکس صورت قشنگ و معصومش جلو چشمانم می چرخید. کم دیده

بودمش اما از ان دسته ادم ها بود که تا ابد در یادت میماند. حاج خانم و زهرا خواهر مریم هم خودشان را رساندند و شیون به پا کردند. زهرا روی سرش می زد و صورتش رت می خراشید. نام خواهرش را صدا می زد. خواهری که او را تنها دلخوشی اش در دنیا می دانست و خیلی دوستش داشت. سعی کردم آرامش کنم تا بی فایده بود . به بیرون رفتم. تحمل دیدنشان را نداشتم. دلم می سوخت . . دلم برای تمام. مریم های کشورم می سوخت. برای همه ی جوانهایمان. برای تمام نوزادان دختری که قرار است در این مملکت دنیا بیایند و بزرگ شوند. کاش دوران جاهلیت قبل از اسلام تمام نمی شد . شرف دارند مردمانی که دخترانشان را زنده به گور میکردند تا این بی شرفانی که هر روز آنها در جنسیتشان زنده سوز می کنند.

کاش خنجری بودم و فرو میرفتم ور قلب تمامی ظالمین این سرزمین . ای کاش زلزله بودم تا با آن این اسلام من در آوردی را روی سر قماش حلیه گر خراب میکردم.

خوشحالم مریم جان که رفتی. هیچکاری نمی توانستم برایت بکنم. جز اینکه غم هایت را در گوشه ی سلول با به تعویق انداختن بیشتر و بیشتر کنم. تو قصاص می شدی و در این قانون سراپا ایراد ، از انجایی که حکم قصاص برای دختر منع است ایتدا صیغه می شدی و سپس که بکارتت را از

تو گرفتند قصاصت میکردند. تو با شرف مردی . تو پاک مردی. اگر مانده

بودی تحقیرت می کردند. تو به حق یکی از پاکترین ها بودی .

##############################

پاورقی پایانی

آنها کی هستند پدر؟ آنها که خودشان از سایه هایشان بزرگترند...

خیلی بزرگتر. . صدایشان گوشم را آزار میدهد. نمی توانم بخوابم پدر. از آنها می ترسم...

از نفس کشیدنشان . از نگاه کردنشان. وقتی که دندانهایشان را میبینم ، قلبم میلرزد...

آنها گرگ هستند یا روباه پدر. . ؟ ؟

پوزه ی باریک و دم درازشان مرا یاد روباه می اندازد و چشمهای تیز و براق و صدای بم و خفه اشان شبیه گرگ هاست .

پدر ، دستهایم را رها نکن.

وقتی که کنار منی نه از گرگ می ترسم و نه از روباه ...

گرمای دستت دلم را گرم می کند پدر...

کنارم بمان . شاید میان این همه سایه های ترسناک آسوده بخوابم . روزهاست که نخوابیده ام. از اولین شبی که یک بره را نوازش کردم و حالا که این همه گرگِ روباه صفت میبینم، نخوابیده ام.

تنهایم نگذار پدر. . دستهایت خوب است. دستهایت برایم کافیست.

Title: Khakestary

Author: Ziba Basatpour

Publisher: Forbidden Books, Glendale, CA, USA

ISBN: 978-0999132531

Library of Congress Control Number: 2019931282